JN090558

日本語アカデミックライティング

滝浦真人

（改訂版）日本語アカデミックライティング（'22）

©2022　滝浦真人

装丁・ブックデザイン：畑中　猛

o-10

まえがき

　放送大学基盤科目の「日本語科目」群を構成する３科目のうち，最上位となるのが「日本語アカデミックライティング」で，2022年開設の本科目はその二代目となる。最も入門的なのが「日本語リテラシー」で（2021年度に改訂版がスタート），その演習編がオンライン科目「日本語リテラシー演習」としてあり，卒業研究などを意識した仕上げ的な科目として，この「日本語アカデミックライティング」が設置されている。

　初代は2017年開設で，当時専任でいらした草光俊雄先生と二人主任講師の形で制作した。科目の性質上すべての学生に関わりがあることになり，かつ各学問分野の特徴や事情なども関係するから，全コースから先生方にご参画いただきたいと願ったものの，まだ私も赴任して日が浅く，そこまでは叶わなかった。メディアはラジオで，台本を作り込まない即興性を大事にされる草光先生の個性がよく表れた，ラジオのトーク番組のような掛け合いが印象的な番組となった。

　今回，改訂版を作るにあたり，インターネット配信の放送授業という新しい授業形態として制作できることになり，見る側からすればTV科目と同様ということになった。また，今度こそ全コースから先生方に参画していただけることになるなど，初代と異なる点も諸所に出てくることとなった。そうして実際に制作を進めてきた主任講師としては，各分野の先生方のお話がじつに面白い！というのが最大の感想である。

　「アカデミック・ライティング」は〝注文の多い料理店〟のようなところがある。注文するのはお客（書き手）ではなくお店（アカデミア）の側で，書くことにあれこれ細かな注文がつくのはもちろん，何かを調べるときにも，果ては他人の考えたことを借りるときまで，事細かに注文がつけられる。なぜそんなにやかましいかというと，互いの研究成果

4

を蓄積し，共有し比較検討することをオープンに可能にするための基盤として，共通の約束事が必要になるからである。こうした基盤自体が学問分野ごとの生い立ちを背負って少しずつ違うのだが，その大元にどんな考えがあってどう派生していったかなど，諸学の特徴的な事情を知ることで料理店からの注文の"なぜ？"にも合点が行くようになるだろう。

　放送大学という料理店の事情もあった。そこで学ぶ人たちは人生経験が豊かで，それに裏づけられた価値観を明確に持っていることも多い。中には，そうした価値観を学問研究としてまとめたいと考え，卒業研究や大学院進学を志す人も出てくる。ところが，学問研究の最大といっていい性格は「公共性」にあるので，私的に形成された価値観とそうした公共性とが，直ちには相容れないことがしばしば生じてくることにもなる。自分の問題意識を公共的にしていくのに必要なものとして，「アカデミック・ライティング」の科目を置いて，それを学んでから研究に取り組んでいただきたい，との思いも込められている。何かしら学術的な研究を志そうという皆さんには，ぜひ履修してほしい科目である。

　最後に，科目の制作に際してお世話になった方々に感謝したい。これまでの TV 科目とは大きく異なる作り方となる中，制作会社アイ・フォスターの岡崎孝太朗さん，尾上里美さんには，コロナ禍も重なってさんざんご迷惑をおかけしたが，見事に仕上げてくださった。放送大学オンライン教育課の小倉咲和子さんも，大変面倒な調整に当たってくれた。印刷教材の編集に関しては，松野さやかさんのお世話になった。表記に関わる面倒な問題で大変お手を煩わせたが，忍耐強くきれいに作ってくださった。そして最後に，主任講師の無茶振りに応えてくださった先生方，ありがとうございました！　これらすべての皆様のおかげを背負って，二代目「アカデミックライティング」をここに提出する。

2021年10月吉日
滝浦真人

目 次

6

8

1 アカデミック・ライティングの基礎①：何のために書くか？

滝浦真人

《**目標＆ポイント**》 論文とは何か，研究を書くとはどういうことかを考える。それを通して，読み手に共感を求める文章と論理的な理解に訴える文章の違いを押さえ，学術的な文章に必要なことを確認しながら，わかる文章とは何かを考える。
《**キーワード**》 書く目的，"名文"と実用文，わかる文章

1. 書く目的

　どんな文章にも必ず目的があるが，アカデミックすなわち**学術的な文章の目的は，自分で立てた問いに対する答えを導いて書くことである。**何ということのない一文に見えるかもしれないが，ここにはアカデミック・ライティングで大切なことがいくつか含まれている。

　まず，レポートでも論文でも，そこには**自分なりの「問い」**があるはずである。明らかにしたい，知りたい，答えを出したい小さな謎があって，それについて考える角度を定め，様々な材料を使いながら，自分なりの解答を提出することが目的となる。そうした意味で，**学術的な文章というのは，大きな問いと答え，つまり問答でできている**と思えばよい。その中に，また小さな問いがあってそれへの答えが出されていく。そのように大小の問答が入れ子のような構造を成している。問いとは自分の抱いている疑問を形にしたものだが，疑問を持てるためには，好奇心を

持っていなければならない。**好奇心のアンテナにかかってきた何かに対して疑問を抱く**，そこがアカデミック・ライティングの出発点ということができる。だから学術的な文章では必ず，最初の部分で，**自分の問題意識**がどのようなものであるかが述べられる。

　ここまでを見てくるかぎり，文章は自分のために書かれるように見えることだろう。だが，考えてみれば，自分 1 人の満足でよいなら，自分でつらつらと考え，「ああ，こういうことなのかな」と合点がいったなら，それで満足してもよいことになる。それを文章という形で書こうと思うのは，誰かに読んでもらって，なるほどそのとおりだと言ってもらいたいからではないだろうか？　そう考えるとたちまち，誰のために書くか？の答えが変わってくる。研究の文章は，他人に読んでわかってもらいたくて書くもの，もう少し言えば，他人がわかってくれたことをもって，自分の考えたこと，導いた答えが正しかったと確認したくて書くものだ，ということになる。そうであれば，その文章は，まずもって**他人のために書かれる**のでなくてはならない。

　他人のために書かれる文章は，わかってもらうことが絶対条件である。書き手が，自分はわかっているといくら叫んだところで，他人が読んでわからないならば，そこで書いたことは他人に共有してもらえないから，当然わかってもらうこともできない。それでは他人のために書いたことにならない。そう考えていくなら，**わかってもらえる文章が書けないと，アカデミック・ライティングとしては十分でない**ことになる。

　この本では，研究とはどういうことか？レポートや論文の構成はどのようなものか？といったことも述べていくが（第 4 章，第 5 章），その前に，読んでわかる文章とはどういうものか？ということから見ていきたいと思う。

2.〈うまい文章〉と〈わかる文章〉

　文章を書くときに人が目指したいと思う形を2つ挙げるとすれば，それは〈うまい文章〉と〈わかる文章〉ということになるだろう。〈うまい文章〉とはいわゆる名文のことであり，芸術的あるいは理知的に際立っていて読み手を惹きつけるような文章である。〈わかる文章〉とは，内容に過不足がなく構成や流れも無理がなく，読み手が書き手の意図したとおりの理解で読んでくれるような文章である。この2つを同時に満たしたいと人は思う。それは容易だろうか？

　谷崎潤一郎は有名な『文章読本』の初めの方でこう書いている。

　　　私は，文章に実用的と藝術的との区別はないと思います。文章の要は何かと云えば，自分の心の中にあること，自分の云いたいと思うことを，出来るだけその通りに，かつ明瞭に伝えることにあるのでありまして，手紙を書くにも小説を書くにも，別段それ以外の書きようはありません。（中略）そうしてみれば，最も実用的なものが，最もすぐれた文章であります。

（谷崎 1996：pp. 21-22）

　あっさりこう書かれてしまうと，そんなものかと思ってしまいそうだが，この文豪の高みにおいてそうだとしても，この言葉をそのまま受け取ることは大いにためらわれる。現代の作家・清水義範の言も聞いてみよう。『大人のための文章教室』の中で，清水はまずこのように言う。

　　　文章を書くときにいつも気になっているのは，次の2つのことのバランスをどうとるかである。その2つとはこうだ。

①言いたいこと，伝えたいことが曇りなく読み手に伝わるかどうか。
②この文章を書いている私が利口そうに見えるかどうか。

（清水 2004：p. 90）

このうちの①は谷崎のいう「**実用的**」に当たり，②は谷崎の「**藝術的**」
と並べられる。これに続けて，次のように書かれる。

　つまり人は，文章を書く時に無意識のうちにかもしれないが，よ
くわかるなあ，と言われたいと願っており，同時に，うまいなあ，
と言われたい望みも持っているのだ。
　ところが，普通に考えると，この二つの願望が二つ同時にかなう
というのは非常にむずかしいことなのだ。つまり，わかりやすく書
きすぎるとあまり利口そうには見えず，利口そうに書きすぎると，
名文なんだろうな，とは思うものの，よくわからない文章になるこ
とが多い。

（同書：p. 91）

清水の②はいわば「**理知的**」ということでもあるが，谷崎の「藝術的」
に置き換えても同じだろう。すなわち，わかりやすい文章は芸術性と縁
遠い感じがするし，芸術的な文章と聞いてわかりやすい文章を思い描く
ことはあまりなさそうである。
　このように書く清水は，作家として文章に対してどのような構えを
持っているだろうか？　上の谷崎の見解にも言及した後で，それを述べ
たのが次の言葉である。

　まずは，徹頭徹尾わかる文章を書こうと心がけることなんだろう
な，と。とにかく，わかること，伝わることをめざすのだ。(p. 94)

　（中略）　文章の最終的な目標は，読み手を同感させること，それによって動かすことだと思っているからだ。同感させるためには，まず言いたいことがちゃんと伝わらなくては話にならない。(p. 95)

　作家は学術的な文章を書く人ではない。小説などを通して，読み手の共感が得られるような文章を書く人である。その清水にして，とにかく目指すべきは①の〈わかる文章〉であるという。一方，私たちは「アカデミック・ライティング」を身に付けたい。レポートや論文を書くとき，ついつい肩に力が入って「理知的」に見えることを欲してしまいがちだが，文章が理知的——言い換えれば"高級そう"——であるかどうかは，せいぜい結果として付いてくればいいことである。文章のプロにして〈わかる文章〉を目指すべきだということの意味を，しっかり受け止めておきたい。

　〈うまい〉ことと〈わかる〉ことの関係はなかなか微妙である。ある角度から見ると，〈わかる〉がまずあってその先に〈うまい〉があるような関係とも言えるし——上の清水の見方はこれに近いだろう——，またある角度から見ると，〈わかる〉と〈うまい〉が別々の方向を向いているとも言える。以下本章では，文章が読み手にとってよく〈わかる〉とはどういうことなのかを，〈うまい〉と対比し具体的なポイントを取り上げながら考えていく。

3. 余韻と共感

　1つ断章をお読みいただきたい。美食家・陶芸家・随筆家として知られた北大路魯山人の「味を知るもの鮮し」という文章である。まずは冒頭から。

　食物はなんとしても「美味く」あって欲しい。美味くなくてはよろこびというものがない。美味いものを食うと，人間誰しも機嫌がよくなる。必ずニコニコする。これが健康をつくる源になっているようだ。

　美食を要求しているものは，口であるように思っているけれども，実は肉体の全部が連合して要求しているらしい。どうもそう考えられる。心というものも，その中の一員であって，常によろこびを理想としている。この心さえ楽しんでくれれば，他に少々間違いがあっても，打ち消されてしまうようである。

　カロリーだ，ビタミンだと言ってみても，人間成人して，自由を知った者は，必ずしも心のよろこびとしては受け取らない。まず自分の好きなもの，好む食物でなくては，いかに名高い食物であっても，充分の栄養にはならないであろう。だから，他人がいかに「美味い」と言っても，自分が好まなければ，なんの価値もないのである。
　　　　　　　（北大路魯山人『魯山人味道』平野雅章編，中公文庫，
　　　　　　　　　　　　　　　　　　　　1995（1980）：p. 274）

　これで全体の1割ほどの分量であり，その内容は最初と最後の文に要約されていると言っていいだろう。食物はなんとしても「美味く」あって欲しい，そしてそのためには，食べた者自身が「美味い」と思えることが肝要である，と魯山人は語っている——冒頭から読むかぎり，このことが文章全体の導入なのだろうと思える。

　では，この文章の最後はどのように結ばれるだろうか。鍵になっているのは次の2カ所であると思われた。

　　日本の山海は，美菜美魚に恵まれすぎている。この天来の持ち味

を生かすか殺すかが，料理する者の責任であり，楽しみの種でもある。

（中略）

いずれにしても，砂糖の乱用と化学調味料を無定見に用いることは，充分慎むべきことであろう。　　　　　　　　　　　　　　（p. 280）

　今度は，日本の食材は元々美味であるので，素材の良さをどこまで引き出せるかが鍵であり，そのためには調味料で台無しにしてしまわないようにすることが肝要である，と魯山人は言っている。さて，上の書き出しからこの結びがどうしたら導けるのか，直ちには到底了解できないだろう。何か仕掛けがあるのだろうか。

　この文章全体は，かなり奔放で緩いとはいえ**起承転結**的な構成で書かれている。初めの引用辺りを「起」とすれば，「承」に当たる部分では，現実には料理の作り手も食べる側も技量や知識や余裕のレベルが様々であるから，各人の「美味い」は当人でないとわからない，といった話が来る。つまり，この「起承」は，表向きそうだというふうに見せておいて，実際にはそうはいかないものとして否定される流れだった。読者としては，まあそういうものかと思いながら読んでいると，「転」で話は意外な方に転換する。料理の講師などもレベルが低く，料理を「美」において語る人が一向に現れないのは遺憾なことである，と。それを受けてこう書かれる。

　よき食器，よき調度品はものを美味く食わす，これは昔から言うことである。大方は，この言葉を耳にしているはずであるが，実際に研究している傾向はない。惜しむべき傾向である。

（中略）

　品位好尚が高雅であれば，つくられるところの料理も，すべての出で立ちも，おのずと品位備わり，口に美味く，心に楽しく，完全に栄養の目的は達し得られるはずである。　　　　　　　　（p. 279）

　自明のことのように書かれているが，そうとはとても言えないだろう。美という基準があれば品位が保たれるので，それを満たした料理は自ずと「美味い」はずであり，そうであれば各人の「美味い」に委ねる必要はなくなる，と言っているように読める。そしてこの後，先に引いておいた「結」が来る。そもそも日本の食材は「美味い」はずなのであって，調味料などおかしな使い方をして「美味くない」料理になっているのに，だまされて「真の味覚は宙に迷ってしまう」のだと。

　読み手はずっと，書かれていることのどこかに共感を覚えつつも，同時に別の何かに意表を突かれながら，いったいどんな結論に導かれるのだろう？と宙づりの気分を味わわされる。**「転」で話は文字どおり大きく転換**し，「美味い」に加えて「美」という新たな基準が持ち込まれる。書き手の狙いとしては，「美味い」かどうかは個々人の感じ方の問題だが，「美」はもっと確かな基準なのだ，と言いたいのだろう。日本の食材で——これは初めから美味であることが前提となっている——そうした「美」に叶った品位ある料理を作るならば，それはきっと美味いはずであり，それが一番確かな「美味さ」である，と魯山人は言いたかった。

　そんなこともあるだろうか，と思いながら進んでいく読者は，書き手によって，いいように翻弄されることになる。そういう意味では，読者に対してこれほど不親切な文章もないというぐらい不親切である。しかし読者は，各所で少しずつうなずける話を見せられて，あいまいにうなずきながら先へと導かれる。そして後半で，美と品位のことと，日本の食材のことを畳みかけられて，日本の食材を使って余計な味付けなどを

せずに美しい器に盛りつけた料理が最も美味いのだという結論を，どこかで聞いたことがある馴染（なじ）みの感覚も手伝って，何となく飲み込んで（飲み込まされて）しまう。このように，仔細（しさい）に検討するとかなり強引な文章というべきものだが，各部分から漂ってくる雰囲気と，**各部分が厳密にはつながっていないことから感じられる余韻が，文章の魅力とも感じられる**のだろう。この点で，この文章は，**日本の随筆（エッセイ）**を特徴づける1つの典型とも思われる。

4. ⚠ 起承「転」結は飛躍の文体！

　魯山人のエッセイをやや詳しく検討したが，それは，こうした文章の書き方が，学術的な文章のまさに対極にあるということをわかってもらうためである。あらかじめ強調しておくと，ここで言いたいのは**学術的な文章の書き方としては向かない**ということであって，エッセイとしては名文だと考える人もいるだろうし，**文章の絶対的な良し悪しのようなことではない**。どういうものが学術的な文章かを見ることも大事だが，どういうものがそうでないかを見ることにも意味がある。

　なぜ学術的な文章の書き方としては向かないのか？　それは，「起承」までは支えをしながら論が進められていたのが，「転結」になると，**正しさの支えがないまま持ち込まれた要素によって帰結が導かれている**からである。文章技術としては，序盤は緩やかだった流れが，別の話に転じたかと思うと一気に結論が導かれることになる展開が，緩急のついたテンポであるとして称賛されさえするかもしれない。しかし，**学術的な文章の命は「客観性」にある**。その中身は追ってまた説明するが，客観性というのは，自分が勝手にそう思っているのではなく，それが正しい，あるいは，そう考えるもっともな理由がある，ということの根拠がつねに明示されていることである。

　先の文章はどうかというと，全体が論として成り立つためには，美という基準を導入すれば料理は自_{おの}ずと美味くなる，と言えるかどうかと，日本の食材は元々美味い，ということが言えるかどうかに，じつはかかっている。もしそれらが言えないのであれば，この文章で導かれた結論を導くことはできない。ところが，鍵となっているこの２点の"正しさ"を支えるものは，文章のどこにもない。つまり，これらの"正しさ"は，示す必要のないこととして，初めから前提とされている。**「起承転結」のこのような書き方は，書き手の言いたいことをより"雄弁"に見せるための表現技法（レトリック）であって，帰結を論理的に導いていく推論ではない**——この点については，姉妹科目の『日本語リテラシー』第９章で詳しく述べておいたので参照されたい。

　さらに言えば，筆者自身の印象として，授業後に提出されたレポートなどを見ていて，こうしたタイプの文章が意外に目に付くということもある。書いている当人としては，あるテーマを巡って思い浮かぶ，関係しそうな事柄をいくつか挙げながら，最後の結び——自分の導きたい結論——に向かって配列したと考えているだろう。「起承転結」はしばしば文章全般のお手本のように言われるから，そのことを明確に意識している人では，結論の手前であえて話を一旦違う方に振ってから，その意外性も含めて最後に全体を１つに（うまく）収めるつもりで書いたと思われるものもある。そうした意味では，文章を書くことが好きな人ほどこのパターンを取りやすいという，ある意味では皮肉な現象もあるかもしれない。しかし，とりわけ**起承転結の「転」は，外から持ち込まれた，論理的にはつながらない要素である**ことは覚えておいてほしい。それを挟むことで印象が強くなることはあっても，流れが論理的につながることはない，という点は押さえておきたい。**転じるのではなく論じよ**，と覚えておいてほしい。

5. 〈わかる〉ための想像力

　この科目が目指したいのは，〈うまい文章〉ではなく〈わかる文章〉である。「ではなく」の心は，〈うまい〉を否定したいのではなく，目指す目標に掲げないという意味で了解してほしい。以下，〈わかる文章〉が備えているべき要素を説明したい。

　まず，〈わかる文章〉で何を実現したいかと言うと，

　　誰が読んでも，論をたどれば同じ結論に達することができる

ということである。「誰が読んでも」というのは，極端な話，**考え方の異なる人が読んでも同じ理解に達すること**を理想とする——その際に必須となる「客観性」については以後の諸章で述べる。「論をたどれば」と言えるためには，そもそも論がたどれなければならない。そして，たどり方が読み手によって異なるようでは同じ結論に達しないから，読み手が違っても同じようにたどれる論でなければならない。「同じ結論に達する」のなら，それは読み手の共感を得たいということと同じではないか？と思う人もいるかもしれない。それについては，もしも読み手が共感してくれるならなおよいが，共感を得るまでが目標なのではなく，とにかくこのように論をたどればこの結論が得られる，ということを聞き手に了解してもらうことが目標であると考える。

　簡単に言えば，**読み手に感動を与えたり，面白いと思ってもらえたりすることを目標とはしない**。つまらなくてよいし，流れるような文体である必要もないから，出発点と途中の過程を共有したら結論も共有できるような文章を書きたい，ということである。そのために必要なことは何だろうか？　それは，

読み手の立場に立つ想像力

であると考える。〈わかる〉の反対は〈わからない〉である。〈わかる〉**ことがわかるためには，どうなったら〈わからない〉かがわからなければならない**。つまり，こう書いたら読み手は想像できないのではないか？こう書いたら読み手は誤解するのではないか？こう書いたら読み手は反論したくなるのではないか？等々の想像ができるかどうかが大きな要因となる。逆に言えば，そうした想像力のない人が書いた文章は，得てして独り善がりになりがちである。

　1つ，非常に卑近かつ具体的な例で考えてみよう。課題として，

自分の家の場所を説明する

というのはどうだろう。なんと簡単な，と思われるかもしれない。だが，そう思った人は，もうその時点で，どんな状況でどんな相手に説明するかという状況設定を自分の中で決めてしまっていたはずである。たとえば，友だちを自分の家に招くといった状況で，○△線の△○駅に着いたところから家までの道順を説明する，といった具合に。もちろんそうしたケースはあるが，それは多様にあるケースの1つに過ぎない。学校のサークルや趣味の集まりでの自己紹介の中で自分の家の場所を説明することもあれば，日本に来て間もない留学生に自分の家の場所を説明することもあるだろう。何も参照するものがないこともあろうし，目の前に地図を置いて説明することもあろう。

　地図も縮尺によって場所のとらえ方が大きく変わる。たとえば，関東全域の地図を見ながら筆者が自分の家の場所を説明するのであれば，東京の都庁所在地である新宿の印を起点にして，ここから真西に延びてい

る鉄道の，この真っ直ぐの部分のちょうど真ん中辺にある△○という駅から歩いて10分ぐらいのところだよ，といった説明が妥当そうである。細かすぎる説明，たとえば△○駅の改札は１つしかなく，南口に出るとそこに何があり，そこから選ぶことのできる５本の道のどれを行くか，等々を話したら，そのうち聞き手はどこまでこの話に付き合わされるのか？と不安になるだろう。あるいはまた，新宿から西に延びる鉄道について，これは長野県の諏訪地方をかすめてから最終的には名古屋まで行く路線で，日本列島を縦断するような具合になるから「中央線」というんだよ，との説明をしたならば，明らかに余剰な情報に接した聞き手は，あなたのことを，きっと鉄道オタクなのだな，と思うかもしれない。

　仮に状況が決まったとしても，**〈わかる〉説明と〈わからない〉説明**は歴然とある。駅前である場所を聞かれて，「ここから正確に真南方向へ0.9キロ行ったところにあります」と答えたとしたら，それがいかに"正確な"説明だとしても，聞いた人の満足は得られそうにない——その人はきっと別の人にもう一度聞くだろう。**正確さとわかりやすさは次元が異なる**という例である。説明のタイプとして，上空から全体を見渡すようにして説明するタイプ（いわば俯瞰型）と移動していくその人自身の視界を説明するタイプ（いわば移動型）が考えられるが，そのどちらが〈わかる〉説明でどちらが〈わからない〉説明になるかも，様々な条件の設定次第で変わるだろう。

6.〈わかる文章〉の４つの原則

　自分の家の場所を説明するといった単純そうな課題の話では，学術的な文章の書き方の参考には大してならないと思われるかもしれないが，実のところ，学術的な文章でも根本的な相違はない。というのは，物を言うというのは，

> 誰に向けて言うのか？
> その人とはどれだけ知識や前提を共有しているか？

ということに決定的に左右されるからである。相手が十分な知識を持っている人であれば，ある部分までのところは前提として認めたうえで，その先の部分だけを説明すればよいだろう。他方，相手がそのことについて何も知らない人であれば，そもそも何を説明することが必要か？あるいは，それを説明するためにどんな道具立てが必要になるか？といったところから説明しなければならない。これは，自分の家の場所を説明するときに，相手が誰であり，その人と知識や前提をどれだけ共有しているかによって説明の仕方が大きく変わるというのと，基本的に同じようなことである。

　このように考えることで，〈わかる文章〉に必要な想像力を，一段具体化した言葉で示すことができるように思われる。文章には，正誤に代表される質的な側面があり，あることを述べるための適度な情報量という量的な側面がある。そして，文章は流れとして展開するものだから文脈という側面も重要で，また受け手の理解という点で端的な明瞭さという側面も重要だろう。そのようにして4つの観点から〈わかる文章〉が満たすべき4つの原則を立てることができる[1]。

1　言語学の語用論という分野の勉強をしたことがある人には，どこかで見覚えのある原則かもしれない。会話における「協調の原理」と「4つの原則」というのがそれで，人が人と会話するときにとりあえず想定する原則のことである。会話では，これらをすべて忠実に実行すると，あまり人間的な感じがせず不自然となってしまう不思議な「原則」だが，文章，とりわけ〈わかる文章〉を目指すには，これらを忠実に実行するのがよい。会話の話に興味がある人は，さしあたり滝浦（2008）あたりで勉強するとよいだろう（「滝浦（2008）」というのは，「章末の参照文献リストに載っている，滝浦という著者が2008年に発表した文献のこと」という意味の略記でアカデミック・ライティングの慣習の1つである。詳しくは本書第7章も参照）。

〈わかる文章〉の 4 つの原則	
質	誤った内容や根拠のないことは書かないこと
量	過不足ない情報内容が書かれていること
関係	論旨に関係する話だけが書かれていること
様態	誤解が生じないような明瞭な書き方であること

　質に関して，誤りを書いてはいけないというのは当然として，自分の書いていることに根拠があるか？をつねに確認することが重要である。自分としてそのように考えたいということであっても，それを支える根拠がないならば書くべきでない。根拠がないことを見せられても，それを信じなければならない理由がなければ，受け手はその先に進めなくなってしまうからである。

　量については，先の場所の説明を思い出せばいいだろう。「ここから真南に0.9キロ」では情報量が足りず，実際に行くわけでもないのに5本の道のどれを行くかまで言うなら情報量が多すぎて冗長である。そのときの条件に合った過不足ないちょうどの情報量というものを意識することが必要である。

　関係については，当然そうに思えるだろうが，じつは意外に難しい。レポートなどを見ていてよく感じるのは，論旨と直接関係のない話が多いということである。書き手としては，それを書こうと思ったきっかけであったり，調べる過程でわかったことであったり，自分自身興味深く思った事例であったり，何かしら理由があるだろうが，その文章の論旨には触れてこない内容がしばしば書かれている。読み手という立場は，そこに書かれていることはすべて論旨にとって必要だから書かれているのだろうと思って読み，したがってつねに論旨との関係を付けようとしながら読む。ところが関係が付けられない，あるいは不明である，とい

うことになると，読み手の解釈努力は不毛に帰することとなり，徒労感を味わうことになる。そういう意味では，

書き手の立場で書くな，読み手の立場で書け

と言ってもいいかもしれない。

　最後の様態というのは，日常的に言う「わかりやすさ」とおおむね同じことである。ならば問題ないかというとそうでもなく，総じて〈うまい文章〉を意識して書こうとするほど，明瞭さとは異なった方向にずれていってしまう傾向があるように思う。筆者がいつも自分に言い聞かせているのは，これでもか，これでもか，と精一杯わかりやすく書いたつもりで，読み手は書き手の意図した半分くらいしかわかってくれていないものだ，ということである。7割もわかってもらえたら上出来，という程度に考えておいた方がよい。書き手は，読み手も自分と同じように考えてくれるものだと（無責任に）考えがちなものだが，**書き手と読み手という立場の隔たりは，書き手が想像するよりはるかに大きい。**

　以下の諸章で，この4つの原則をそれぞれどう具体化していけばよいか，繰り返し確認することになるだろう。

参照文献

清水義範（2004）『大人のための文章教室』（講談社現代新書1738）　講談社
滝浦真人（2008）『ポライトネス入門』研究社
滝浦真人（2021）『改訂版　日本語リテラシー』放送大学教育振興会
谷崎潤一郎（1996［1934］）『文章読本』（中公文庫）　中央公論新社［中央公論社］

2 │ アカデミック・ライティングの基礎②：目指したい文章

滝浦真人

《**目標＆ポイント**》 文章には目的があり，目的が違えば文章も異なる。主観的な文章と客観的な文章があり，学術的な文章は客観的な説明文であること，また，文章の構成要素は事実か意見かに分かれ，事実で書いたものが客観的文章であることを理解する。

《**キーワード**》 主観的文章と客観的文章，説明文，事実と意見

1．「客観的な文章」

　アカデミック・ライティング——つまり，学術的な文章を書くこと——について何かはっきりしたイメージを持ちたいと思うなら，まずは**文章の種類**ということから入るのがいいのではないかと思っている。**文章は大きく主観的な文章と客観的な文章に分けることができ**，学術的な文章は後者，つまり客観的な文章だということをいつも念頭に置いておくとよい。

　主観的な文章というのは，書き手が感じたり思ったりしたことを書くことに主眼がある。思いや考えが私的な方に傾く場合，それらはいわば出来事としてつづられることになる。日々の雑感というのも，些細（ささい）な出来事をつづっていると見ることができるし，体験記や旅行記になると，出来事的な性格がはっきりしてくる。読書を出来事として書いたのが読書感想文である。この場合，感想の源を提供した書物が広く共有されう

るので，書き手の思いや考えも公共的な性格を帯びやすくなる。さらに
は，社会問題などに対する意見を書くような場合になると，思いや考え
も公共性のある意見として書かれるだろう。このように私的〜公共的の
幅はかなり広いが，書き手の思いや考えがどうであるかを書くことが目
的となる点で，これらの文章は主観的な文章である。

　これに対して，**客観的な文章では，書かれる内容が書き手個人を超え
るものとしてとらえられている**。書き手がそう感じたから，思ったから
ではなく，**もし書き手が違う人だったとしても同じような書き方と結論
になったはずだ，という構え**で書かれるのが客観的文章である。自分の
感じ方や思いのようなものを入れずに——それらは主観の表現だから
——，確認したり検証することのできる「事実」だけで構成する。「事実」
とは何か？ という問題は意外に面倒なところがあるが，それは後に回す
ことにして話を進める。

　もう1点，アカデミック・ライティングにどこか取っ付きにくい印象
があるとしたら，高校までの学校教育でそれに類するものを教わる機会
が少ないことも，少なからず影響しているように思われる。学校教育で
文章というと，小中学校の作文と高校あたりで加わる小論文が主だろう。
作文では，生活の断片を切り取って心の動きをつづったような文章や
——「生活文」とも呼ばれる——，夏休みの宿題の定番というべき読書
感想文が代表的である。小論文では，社会問題や社会現象をはじめとす
る様々なテーマについて，自分の意見を書くというスタイルが多い。後
者など公共性の意識が問われたりするが，種類としては主観的な文章で
あり，それぞれ**「感想文」**と**「意見文」**となる[1]。

　ところが，大学に入ると，こうした種類の文章を求められることはむ
しろ少ない。課題やレポートなどで意見文を書くことがあるとはいえ，
決してそれが中心ではなく，今まで見たことのない「……について**考察**

1　2022年度から，高等学校の国語に「論理国語」という科目が加わることになっ
　ているので，少し変化も生じてくるだろう。

しなさい」とか「……の**観点から論じなさい**」といった指示ばかりとなる。考察とは何をすることなのか？論じるとは小論文のような論じ方でいいのか？等々，まずそこで戸惑う人も多いことだろう。

　さらには，作文の授業では，感じたことや思ったことを「ありのまま」に書くことを推奨された記憶の人も多いだろう[2]。しかし大学では，思ったことをただ書いてもそれはあなたの考えに過ぎない，とか，書いたことが誤りでないことが客観的に示せなければいけない，などとさえ言われる。いったいどうしろというのだろう?!と苛立たしく感じるとしても無理はない。何を書けと言われているのだろう？「客観的」というのは何が違うというのだろう？　この疑問を解くことがどうしても必要となる。

2.　文章の種類と文体

　その問いに対する最も簡潔な答えは，上で書いておいた短い言葉に戻る。それは，

　　　事実だけで書かれた文章のことを客観的文章という

というものである。そうするとすぐに質問が出るだろう。「事実」とは何ですか？と。「事実」という言葉から人が真っ先に連想しそうなのは，新聞やニュースで報じられる様々な事件など出来事のことだと考えれば，まことにもっともな疑問と言うしかない。たしかに，**出来事も事実の一種**で，それを書いた文章は「**報告文**」などと呼ばれる——報道というのもその一種である。では試みに，同じ出来事を主観的な感想文風に書いたものと，客観的な報告文風に書いたものを見比べてもらうことに

2　その起源は古く，明治半ばから正岡子規らによって提唱された写生文運動の影響や，昭和期には生活の中で自分が何を見て何を感じたかを脚色せずに書く「生活綴方運動」の影響を受けた。どちらも，自分が「主観的」に受け取ったものを忠実に言葉にして表現することが尊重された。

する。出来事としては，食後の食器洗いをしていたときに誤って洋食用のナイフを落としてしまい，強化ガラス製の鍋底に穴を開けてしまったという（姉妹科目「日本語リテラシー」で「自分ニュース」として紹介したのと同じ）事件である。

感想文スタイル

一瞬我が耳と目を疑った。直火にかけてもびくともしない強化ガラスの鍋が，カチンという嫌な音を立てたので目を遣ると，底にきれいな三角形の線が刻まれているではないか！まさかと思いながら鍋を持ち上げてみると，シンクの底には三角形のガラス片が，為す術もなく置き去りにされていたのだった。呆気にとられるとはこのことだ。私がしたのはただ，食後の洗い物をしていて，洋食用のナイフを誤って手から滑らせただけなのだから。15年間愛用してきた鍋との別れはこんな形で訪れることになった。

報告文スタイル

強化ガラス鍋の破損事故があり使用不能となった件について，以下に報告します。昨日午後1時頃，使用後の洗浄を行っていた際，金属製のナイフを誤って落下させた結果，鍋底に一辺3〜4cmほどの三角形状をした穴が開き，使用不能となりました。落下時の高さは約15cmほどしかなく意外とも思われましたが，垂直に落ちたことでエネルギーが1箇所に集中したため，堅牢なはずの強化ガラスでも限界強度を超えたものと推測します。洗浄の手順等を再検討して再発防止に努めます。

現実にはこんな「報告」場面はないだろうが，感想文がいかに感情・

感覚表現を多用して1人称的な視点から書かれているかということと，対照的に，報告文がいかに語彙レベルの高い漢語を多用した硬質の文語体で，「私」ではなくいわば神の目で俯瞰するように書かれているかということを，それぞれ感じ取ってもらえたらよいだろう。

　さて，「事実」という言葉の意味を辞書で調べてもあまり助けにならない。「事実」の意味はたいてい，「実際に起こった事柄」や「現実に存在する事柄」などと説明されるが，「現実に存在する事柄」と言われてもわかった気はしないだろう。じつは，「事実」とは何か？を考えるより，「事実」とは何でないか？を考える方が早道である。要するに，

「意見」で書くか，「事実」で書くか

ということになる。では「意見」とは何か？と考えれば，何であれ人が「物事に対して抱いた考え」のことだから，「意見」で書くというのは，自分の抱いた考えがどうであるかを書くことである。そうではない書き方として「事実」で書くということだから，それは自分の考えに関わりなくあるような物事の様として，ある事柄がどうであるかを書くことだと了解できるだろう。こうした書き方は「説明」と呼ばれ，文章の種類としては**「説明文」**となる。

　「自分の考えに関わりなく」というところに1つ補足をしておけば，もちろん自分もそのように考えて構わない。それを，**自分が考えるからそうなのではなく，自分がそう考えるか考えないかに関係なくそうなのだ**，というふうに書くことである。もちろん，ただそのように強弁しても説得力は少しも増さないから，そう強弁しなくても読み手が納得してくれるだけの支えをしなければならない。それが主張の根拠であり，読み手の納得という観点からすれば，**読み手を説得する材料**ということに

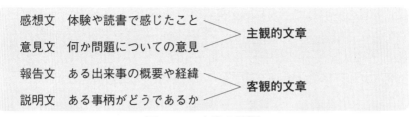

図2-1　文章の種類

なる。学術的な文章が「客観的」だというときの最大のポイントがじつ
はここにある。

　ここまでの話をまとめて，文章の種類を図2-1として掲げておこう。
加えて言えば，これらの**種類の別は各々の文体の違い**でもある。

3. 事実と意見

　そういうわけで，大学で書く文章は多くの場合「説明文」である。高
校までの学校では説明文の書き方というのをあまり教わらないが，近年
では大学に入ってから，ライティング科目と呼ばれるような授業で習う
ようになってきた——もちろん，放送大学の本科目や「日本語リテラ
シー」もそうした一環である。

　説明文が書けるようになるには，「事実」と「意見」の違いを押さえ
ることが肝要だった。ここで，それぞれが何であるかについて，少し定
義らしいものとそこからの性格づけを確認しておこう。事実と意見の違
いについて，『はじめよう，ロジカル・ライティング』と題された解説
書では，次のように整理されている。

　　事実＝証拠を挙げて裏付けすることのできるもの
　　　　→ 誰もが確認できること
　　意見＝何事かについてある人がする判断[3]

→ そう思う人もあるが，そう思わない人もいること
（名古屋大学教育学部附属中学校・高等学校国語科，2014：p. 59）

「証拠」による「裏付け」と「判断」との違いという点が基本で，「誰も
が確認できる」のが客観的，「そう思わない人もいる」のが主観的とい
う性格もだいぶわかりやすくなった。

ただし，あらためて考えると「事実」と「意見」というこの区別は，
どちらも「……である」という肯定形で書くことのできる内容であるこ
とに気づかされる。しかし，何かを論じるときには，いつも肯定だけし
ていれば済むわけではなく，「……ではない」と何かを否定してその先
へ進むこともまた重要な一歩となる。事実と事実でないものの違いを，
“そうであると確認できる／できない” という相違であると言い直すな
ら，後者の中が，**“人によって異なる”** ものと **“そうでないと確認できる”**
ものがある，という具合にさらに分けることができる。**“人によって異**

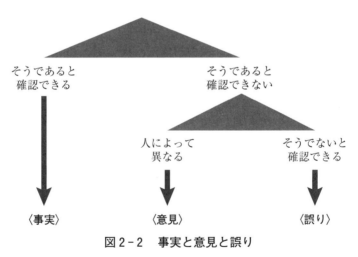

図2-2　事実と意見と誤り

3　事実と意見の定義については，ライティングに関するロングセラー，木下是雄
『理科系の作文技術』に，「事実とは，証拠をあげて裏付けすることのできるもの
である。意見というのは，何事かについてある人が下す判断である」とある（p.
102）。

なる”ものが「意見」で，“そうでないと確認できる”ものを「誤り」と呼ぶならば，全体を「事実」「意見」「誤り」という３つのカテゴリーに分類できることになる。その全体像を図2-2として示しておこう。

■実践練習

　ではここから，具体的な表現の例を検討しながら，事実か意見か誤りかを考えていくことにしよう。練習ということで，順不同の配列とした。それぞれに簡単な説明を付けたが，ここでは各事実の検証そのものを詳しく述べることはしていない。各自興味があったら自分で調べてみてほしい。

（1）光は重力によって曲がって進む。

　アインシュタインの相対性理論が予言し，そのとおりであることが検証された。重力によって空間が歪むため，光は直進しても結果的には曲がって進むとされる。よって，事実である。これは，学問研究によって明らかになった事実ということができる。

（2）「放送大学」は日本にある通信制の大学である。

　「放送大学学園法」という法律に，放送大学学園という学校法人が放送大学を設置し，放送大学において放送による授業を行うと規定されている。よって，事実である。この（2）はいわば「放送大学」の定義である。したがって，定義的な事実であるということができる。

（3）現在のフランス国王は女性である。

　現在（2021年10月時点）のフランスは共和制であり「フランス国王」なる人物は存在しない。存在しない人について女性かどうかを語ること

はできない。よって，誤りである。これは，誤りの中でも，当該の事柄がそもそも存在しない点が誤っているタイプである。

(4) 近年，日本語の乱れが進行している。

　メディアなどでこうした言い方を耳にするのは確かだし，実際このように考えている人もいることだろう。しかしながら，「乱れ」とは何のことか？「進行している」とは何を指すか？がともに判然としない。よって，ある人々はそのように考え，ある人々はそうは考えないという意味で，意見といわなければならない。また，「誤用」ではなく「乱れ」のような価値判断を含んだ言葉を選んでいる点でも，意見ということになる。なお，各部分に明確な定義を与え，以前の時代と比較した結果に基づいて述べるならば，事実か誤りのどちらかになる可能性もある。

(5) 戦後の日本で，2000年以降，少年による凶悪犯罪が増えている。

　これも，メディアなどでこうした観点から犯罪を取り上げた番組やコーナーを見たことのある人もいるだろう。これなどは，時期のほか，「少年」も「凶悪犯罪」も定義のある（定義可能な）概念だし，「増えている」かどうかは件数の問題だから確かめようがある。そこで実際に，警察や法務省による統計資料などを見てみれば，誤りである。殺人・強姦・放火といった犯罪について，少年犯の数は1950〜60年代前半頃までが圧倒的に多く，2000年以降はその数分の1に過ぎず，増加傾向にあるとも言えない。確かめてみないとわからない類の事柄だが，よく耳にするからといって事実とは言えないことはたくさんあるので注意したい。

(6) 2016年時点で，世界全体の平均寿命は72.0歳，国別では，日本人が男女の平均84.2歳で世界最長である。

　これも，統計的な数字があれば確かめることができる。この数字は，世界保健機関（WHO）『2020年版世界保健統計』によるもので，信頼のおける公的機関からそのように発表された数字だということで，事実と認定できる。

（7）日本で75歳以上の国民は「後期高齢者」である。

　「高齢者」のような言葉は，定義次第で範囲が容易に変わるので，厳密にしようとすると扱いが意外に厄介である。この（7）では，「後期高齢者」という言葉が用いられており，それが何か法令のようなものに由来するのであれば，その定義に照らせばよいことになる。この場合，「高齢者の医療の確保に関する法律」が根拠であり，そこで「75歳以上」と定義されているので，定義的な事実である。

（8）日本は地震国である。

　日本に住む私たちにとっては，紛れもない事実と思えるだろう。しかし，書き方・言い方の問題（次に見る）も相まって，この（8）を事実というにはじつは少し物足りない。「地震国」とはどんな国か？という問題があって，「地震が多いということ」だとすると，他国と比較するなどして，一定規模以上の地震発生回数の順位でも付ければ，文句なくそう認定することができるだろう。そういうわけで，このままの（これだけの）文なら，限りなく事実に近い意見，というのが最も厳密な答えかもしれない。実際に書くときは，あまりに当然と思えることは自明の前提とみなしてしまい，それ以上に何かを述べるときに根拠や証拠の支えをするといったことも多いが，一応原則は押さえておいてほしい。

（9）鉄筋コンクリート造の建物の寿命は約50年である。

　こうした言い方もよく耳にするだろう。しかし，どうやらこれは，税法上の規定で「法定耐用年数」が50年と定められている区分があるのを「寿命」と混同した結果のようである。また，現実に建物が建て替えられている年数の平均がこれに近いといった事情も関係するかもしれない。しかし，「寿命」を，物理的に使用に耐え得る年数のことと理解するなら，一般にもっと長い。よって，不正確な数字という意味で，誤りと言うべきだろう。これなども，きちんと調べてみないとわからない類の事柄の例である。

　このような，自分では確かめにくい事柄について，後ろに「……**と言われている**」を付けることで，事柄そのものではなくそのような言い方を耳にするという事実を述べるならいいのではないか？と考える人もいるだろう。「言われている」が「じつは誤りだ」という具合に「言われている」こと自体を問題にするならそれでよい。しかし，「言われている」と表現を間接化しながらも，実際にはその事柄を事実とみなして話を進めようとするケースがほとんどである。**表現を間接化しても意見が事実になるわけではないことに注意しよう。**

(10)　健康意識の高い人ほど長寿である。

　このように言えたらわかりやすい話だろう。人が実際に生きた年数と，その人の生前の健康意識の調査結果との相関関係を調べるなどすれば，ある程度のことはわかるはずだが，そうした調査が容易とも思われない。国別に健康意識調査をして各国の平均寿命との相関を調べるといったことならできるかもしれない――インターネット上にはそうした記事も見える。日本人の寿命が長いことは上の (6) などによって確かだが，では日本人の健康意識が高いかと言われると，答えは微妙であるように思える。職場等の健康診断などの制度的支えがある一方，睡眠時間を十分

にとる，健康的な食事をとるよう気を付ける，といった実践ができているかは答えに迷う。実際に行われている大規模調査の結果などをよく調べないと何とも言えないという意味で，意見と言うしかない。

　以上，10の例を見てきた。事実／意見／誤りの区別について，ある程度のイメージは持ってもらえたのではないかと思う。他方で，実際問題，その線引きが微妙であるケースも多い。それは，一つには事柄自体の判定に関わる問題だが，一つには，（4）のように，言葉の選び方として主観的判断の表現を用いていることに関わる問題も無視できない。次にはその点についてもポイントを押さえておきたい。

4. 事実の言葉と意見の言葉

　ここまで，事実か意見か？という内容そのものの違いとして話を進めてきた。しかし，じつは話はもう少し入り組んでいて，文章に客観的と主観的の違いがあるように，文章を構成する言葉にも客観的と主観的の違いがある。そういう意味では，内容が事実か意見か？という次元とは一応別のものとして，書き方が**事実の言い方か意見の言い方か？**というもう一つの次元があると言わなければならない。

　学術的な文章を書く際に，書き方・言い方の次元で特に注意が必要なのは，それ自体が主観的な表現である。次の2つなど典型だろう。

　　判断表現：　「美しい」「素晴らしい」「由々しき問題」
　　程度表現：　「普通の」「非常に」「つねに」「到底」

もちろん，日常生活では欠かせないものも多いし，学術的な文章でも何らかの判断を書く局面がないとは言えない。しかし，それはあくまで主

観だから，それをもって何かの論証になるといったことはない。自分が至った考えが価値あるものと思えば思うほど，“声を大にして”言いたいと思う気持ちも出てくるかもしれない。だが，大きな声で言ったからとて客観的な説得力が増すことはない。そうした意味で，「美しい」といった判断の形容詞や，「非常に」「きわめて」といった程度副詞などは，基本的に使用を回避することをお勧めしたい。論が成り立っていれば強調の必要などない。

　客観的な文章でもよく使われるが，それなりに注意が必要なのは，事実である確率の度合いを述べる推測表現の類である。

　　推測表現： 「だろう」「かもしれない」「思われる」

これらの表現は，この本でもかなり頻繁に使っているが，研究論文など純粋の客観性を目指すような文章では，かえって確証のなさが表れてしまうため，使い方に慎重さが必要である。それとは反対に，本当は確証がない事柄を事実として表現してしまう言い方にも注意が必要である。次のものなど，つい使ってしまいがちである。

　　事実表現： 「△○の○△さ」「なぜ……か？」（５Ｗ１Ｈ文）

　「△○の○△さ」は，たとえば「恋愛の大切さ」ぐらいの中身になれば，人それぞれ考えもあるだろうと思える余裕も出てくるが，「規範の大切さ」のような抽象的な内容になると，何となくそのまま受け取ってしまいやすくなる。そしてもう１つ，「いつ／誰が／どこで／何を／なぜ／どのように」といういわゆる５Ｗ１Ｈの文は，**これらの語に続く内容が事実である（事実として扱われる）という特性**を持っている。「なぜ人

は義務を守らないのか」と書いた場合,「人々が義務を守っていない」ことを事実として書いたことになる。それでよいのかどうか,という確認がつねに必要である。

　学術的な文章を書くには,こうした点にも注意を払わなければならない。それをしないと,ついつい次のような文章を書いてしまう。どうだろうか?

⚠アカデミック・ライティングで気を付けたい文章

　日本語の美しさを否定する人はいないだろう。非常に豊かな季節の移り変わりの中で,何につけ繊細さを特徴とする文化が育んだ日本語は,多くの細やかな言語表現を有するに至った。それは文化遺産ともいうべきものであり,世界にも希なそうした宝をしっかりと次の世代に引き継いでいくのが私たちの務めである。　（筆者の作文）

　あらかじめ言っておけば,主観的「意見」として書くのであれば,何を書くかは基本的に書き手の自由である——人権を否定するような差別的言辞でないならば,との但し書きは付くが。しかし,それは客観的な言葉ではないということを知らなければならない。**この文章は,徹頭徹尾,主観的**である。「日本語の美しさ」「非常に豊かな季節の移り変わり」「何につけ繊細」「多くの細やかな言語表現」「文化遺産」「世界にも希な」「宝」「しっかりと」等々,どこを見ても「意見」で書かれている。

　何語であれ,自分の母語とそれによって育まれた文化を,好ましいと思ったり美しいと思ったりすることは,ある意味で自然なことと言える。しかし,それを「事実」として述べるとなると,話は全く別である。「事実」なら,自分以外の人にとっても同様に成り立たなければならない。日本人全員に当てはまるのみならず,日本人以外も含んだ全員に当ては

まるものとして，根拠を添えて主張できなくてはならない。上の文章には，そうした意味での「事実」と言える箇所がどこにもない。そのことは冷静に理解しておきたい。

■「主張」について

　本章の最後にもう1点，「事実」と「意見」とも関連して，学術的な文章で用いられる「主張」という言葉についても触れておこう。日常生活で耳にする場合だと，

　　「あの人は自分の主張が強いよね。」

といった具合に，考えや好みなどを"言い張る"強情さといったニュアンスを帯びることが多いが，学術的な使い方は大きく異なる。文章の中で，**自分の議論の帰結として述べたい事柄のことを「主張」**と呼び，そう述べることを「主張する」という習慣がある。

　論文や発表に対して質問するような場合にも，

　　「この論文／発表でのあなたの主張は何ですか？」
　　「この点を主張したいということですね？」

といった言い方をする。議論の帰結なので当然，**主張にはそれを支える根拠や証拠がなければならない**。それゆえ，他人の主張について，根拠不十分ではないか？といった指摘をすることもあり，そうした場合には，

　　「根拠が不十分で主張が成立しているかどうか疑わしい。」

といった言い方もされる。

　日常的な使い方と学術的な使い方の中間とも言えるのが法律的な使い方で，当事者の申立てを基礎づける（自己に有利な）陳述のことを「主張」という。たとえばお金の貸し借りを巡る争いがあるときに，返済を求めて訴えられた側が，

　「そのような支払い義務はないと主張した。」

といった言い方がなされる。

　こうした用語の使い方にも少しずつ慣れていくとよいだろう。

参照文献

木下是雄（1981）『理科系の作文技術』（中公新書624）　中央公論（新）社
滝浦真人（2021）『改訂版　日本語リテラシー』放送大学教育振興会
名古屋大学教育学部附属中学校・高等学校国語科著，戸田山和久執筆協力（2014）
　『はじめよう，ロジカル・ライティング』ひつじ書房

3 | 学問分野と文章①：生活研究とライティング

奈良由美子

《**目標＆ポイント**》　生活はリサーチ・クエスチョンの宝庫である。いっぽうで，生活については誰もが何かしら考えを述べることができることから，書かれた文章はともすれば主観的な感想文や意見文になりがちである。本章では，生活に関する研究を行い文章を書く上での注意点について考える。

《**キーワード**》　生活研究，研究過程，リサーチ・クエスチョン，リアリティ，研究法，客観性

1. 生活研究の特徴

（1）生活研究に特有のライティング手法があるわけではない

　本章の役割は生活研究におけるアカデミック・ライティングについて述べることである。しかし，じつのところ，生活研究に何か特有のライティング手法があるわけではない。生活研究は，自然科学，社会科学，人文科学を基盤とした学際的な営みであり，各自が設定したテーマに応じて，自然科学，社会科学，人文科学のいずれかにおける手法を用いて研究を進め，文章化するからである。さらにいえば，これら3つについても，それぞれに固有のスタイルがあるにせよ，科学的手法を用いて文章にするかぎり，学問分野の別による本質的な違いはない。

　ということで，「生活研究のライティングを学ぶためには，この本の他の章をどうぞ参照してください」と書けば，本章の役割を果たしたこ

42

とになる。しかし，そういうわけにもいくまい。そこで本章では，生活
研究の特徴と，その特徴ゆえにやってしまいがちなこと，および注意点
を示す。

（2）生活とは

　ここで「**生活**」とは何かを押さえておこう。その定義を辞書に尋ねる
と，①生存して活動すること。生きながらえること。②世の中で暮らし
てゆくこと。また，そのてだて。くちすぎ。すぎわい。生計，とある（広
辞苑，第7版）。

　生活概念については，学術的にも様々に議論されてきた。篭山京は，
生活の研究は「生活主体としての人間の立場から行われるべき」として，
生産生活と消費生活を含めた全体として生活をとらえた（篭山，1943＝
1984：23-24）。ほかにも，「生活とは，一定の時間と一定の空間におい
て展開される，人間的行為の全体」（三浦，1986：27），「生命活動の略」
（一番ケ瀬，1972：12），「生活とは本来，人間が生きるために行なう諸
活動の総体であり，生きるすべての過程である。（中略）生活とは，消
費過程だけではなく生産過程も含めた総体」（宮本，1988：15）といっ
た定義がある。

　また，新睦人は，個人と社会を媒介する概念として生活を位置づけた
上で，その相互行為の世界を行為主体の断片的な事実としてとらえるの
ではなく，生活主体にとっての複合的な現実像としてとらえようとした。
新によれば生活は「行為主体の展開する行為の広がりと持続の複合的な
事実であり，そのような行為過程と行為場面の総称」（新，1990：193）
と定義される。

（3）生活の研究——身近であるがゆえの難しさ

　前項で見た定義が共通して示しているのは，生活のふたつの特性——**総合性と個別性**である。生活はいくつもの要素とその関係性から組み立てられた総体であり，しかもその総体の持ち主（生活主体）に特有の個別性の高い営みとなる。これらの特性があることで，生活の「研究」には次のような特徴が伴うこととなる。

　まず，**研究の対象が多種多様に存在**しうる。研究対象の多様さは，たとえば放送大学「卒業研究履修の手引——2022年度履修者用」（以下「手引」と記す）収載の，生活と福祉コース「1.『生活と福祉』の考え方」（p. 32）にも具体的に示されている。以下に該当箇所の一部を引用する。

> 本コースでは，家族，家庭，家計，衣食住，心身の健康，余暇，福祉，看護，介護，スポーツなど，私達の日常生活全般にわたって，生活者を中心に，人と人，人と社会，人と物，人と環境等，さまざまな繋がりにおける，多岐にわたる生活事象を科学として扱っている。

　また，現実世界にあって誰もが生活を経験している。そのため，生活に関しては**誰もが何かしらの問題関心を持つことができる**。さらには，自らの生活上の経験を通じて**誰もが何らかの意見を述べることができる**。生活の研究は，何だかやりやすそうに感じられるかもしれない。しかし実際には，次に述べるような理由により，生活を「研究」するのはそれほど簡単なことではない。

　ひとつには，自らの生活文脈の中で生じた問題意識が，そのまま研究のテーマになるとは限らない。たとえ自分にとって重要だと感じられる疑問であっても，そこに社会的および学術的意義がなければ研究テーマ

としては設定できない。また，個別の事象を，しかもやはり自らの個別な生活を送る個人が分析したり考察したりしようとするとき，その過程には主観が入り込みやすい。生活研究でやってしまいがちなこと，それは，研究対象の身近さゆえに書いた文章が**感想文や意見文になりがち**であること，これにつきる。

「手引」（p. 32）ではこの点についても，以下のように言及している。

> 「生活を科学する」ということは，生活事象を一個人，一家庭の問題としてとらえるのではなく，より広く，普遍的にとらえ，実証的，論理的に考察するということである。（中略） 生活事象は非常に複雑で，学際的な内容から成り立っており，「生活と福祉コース」では，その周辺をカバーする裾野の広い視野が重要であり，同時に専門分野の基礎知識の取得と深い認識が前提となる。

　生活に関する研究を行うにあたっては，このような研究上の特徴を常に念頭に置くことが必要となる。

2. 生活研究のプロセス

（1）アカデミックなライティングは適切な研究過程から

　本書の主題は「アカデミックな文章を書く」ことにあるが，文章化の段階でいきなりアカデミックになることは望めない。

　論文の書き方に関する複数の良書を著した澤田昭夫（1977：16）が，「論文作成には，文章の書き方や論文のできあがりの姿を知っておくことも大切ですが，そういう，いわば戦術的なことと同様あるいはそれ以上に大切なのは，**論文にまとめあげるまでの研究過程に関する戦略知識**

です」と述べているとおり，アカデミックな文章を書くには，まずは適切な手続きで研究をしなければならない。

　これは生活に関する研究についても同様に当てはまる。ここで，生活研究において特に気を付けるべき点にも触れながら，論文にまとめるまでの研究過程について押さえておこう。

（2）研究過程の基本

　冒頭で述べたとおり，生活研究は，自然科学，社会科学，人文科学のいずれかにおける手法を用いて進められる。井上洋士（健康社会学）は，表4-1のとおり研究の大まかな流れを示し（井上，2019：11），「これこそが，科学的な手順と言えるところそのもの」とする。

表4-1　研究の大まかな流れ

---

① 　研究の動機が出てくる。

② 　動機に基づき「私の疑問」が湧き出る。

③ 　「私の疑問」を整理し，また先行研究を調べていく中で，次第にリサーチ・クエスチョン（研究上の問い）ないし研究課題が明確になる。

④ 　明確化されたリサーチ・クエスチョン，研究課題を解くための手順書とも言える研究計画書を練り上げて定める。その中で，なぜこの研究課題が重要なのか，なぜこの研究をすることが必要なのかを，先行文献をもとに論じる。そして研究目的を明確化する。

⑤ 　研究計画書の手順に基づき研究を実施し，データを収集する。

⑥ 　得られたデータを分析していく。

⑦ 　分析結果を解釈し，必要に応じてさらなる分析を行い，考察を加える。

⑧ 　以上の結果を，論文・書籍・パンフレットなどの形にまとめ，あるいは学会発表などを行うことにより，成果を報告する。

⑨ 　次の研究課題は何であるのかを明確にする。

（出所）　井上（2019：11）

これらの手続きはいずれも重要である。中でも，③と④において，自分の関心に引きずられることなく，先行研究を踏まえて精緻なリサーチ・クエスチョンを設定することには特に注意したい。また，⑤～⑦において論の根拠となるデータを集め分析・考察することも，とりわけ気を付けるべき手続きである。

（3）リサーチ・クエスチョン

リサーチ・クエスチョンは字義どおり「研究上の問い」であり，日常生活の中で何となく感じている問題関心とは異なる。

たとえば，Ａさんが今年から自分が住んでいる地域の自主防災組織のリーダーになったとする。それをきっかけにＡさんは，「災害に強いまちを作りたい」という研究動機を抱く。これがさらに「地域防災活動の活発な地区もあれば，そうでない地区もある。活発な地区で，そうできている理由は何だろうか」という「**私の疑問**」につながっていく。しかしこの段階ではまだリサーチ・クエスチョンにはなっていない[1]。

ここで必須の手続きとなるのが**先行研究の検討**である。関連する文献を読み込む中で，「私の疑問」つまり知りたいこと・明らかにしたいことに対する答えを出す営みが，はたして研究として成立するのか，そこにどのような意義があるのか，どのような方法をとれば明らかにできるのかを見極めていくためである。

先行研究を調べてみると，自分が知りたいことはすでに多くの研究者が明らかにしていて，答えが十分に存在していることがある（自分が知らなかっただけ）。この場合には，「私の疑問」はリサーチ・クエスチョ

---

1 さらに言えば，「活発な」という言葉のあいまいさも，この文章がこのままではリサーチ・クエスチョンとして成立しない理由となる。しばしば見受けられる「よりよい○○を実現するためには何が必要か」の「よりよい」も同様である。これらのようなあいまいな表現は，研究動機や「私の疑問」の段階で用いる分には差し支えないが，リサーチ・クエスチョンにおいて用いるのは不適切である。あいまいな問いに対しては，研究法を厳選することも，明確に答えることもできないからである。

ンにはならない。

　逆に，答えが見当たらないこともある。その場合の理由にはふたつある。ひとつには，答えを探ることにそもそも意義がなく，したがって研究もされてこなかったため。この理由のときには，やはり「私の疑問」はリサーチ・クエスチョンとしては成立しない。もうひとつには，意義はあるのだが，これまでそれが見落とされていた，あるいは研究が十分には進んでこなかったため。こちらの理由ならば，自分が研究を行い新たな知見を得ることに意義があり，リサーチ・クエスチョンとして成立する可能性がある。

　関連する文献を読み込む中で，こうしたことを確認できれば，知りたいこと・明らかにしたいことを明快な文章にする。これがリサーチ・クエスチョンとなる。表4-2に井上（2019：25）が例示するリサーチ・クエスチョンのフォーマットを示す。

　自分が明らかにしたいことが何かを，先行研究にも照らしながら具体的かつ厳密に表現したリサーチ・クエスチョンは，それ自体が仮説となりうる。リサーチ・クエスチョンを1〜5文程度を挙げ，これに答える

表4-2　リサーチ・クエスチョンのフォーマット（例）

- ○○（対象）の○○（ことがら）の特徴にはどのようなものがあるのか。
- ○○（対象）での○○（ことがら）の割合はどのくらいか。
- ○○（対象）では，○○といったことがらは，○○な実態になるのではないか。
- ○○（対象）では，○○ということがらは，○○と関係があるのではないか。
- ○○（対象）では，○○がある人とそうでない人とで，○○が違っているのではないか。
- ○○（対象）では，○○ということがらの原因として，○○が存在するのではないか。
- ○○（対象）に，○○という介入をすると，○○という効果があらわれるのではないか。

（出所）　井上（2019：25）

かたちで研究は進められていく。

（4）研究法の重要性──生活のリアリティをとらえる

　研究過程では，自分の論が根拠に基づいていることを示すため，データを集めて分析する。この手順は，**生活に関連した事象のリアリティをとらえることと同じ意味を持つ。**

　ここで，「書き手が自らの日常生活で起こったことをつぶさに書きつづることこそ，リアリティを追究したライティングなのでは」との声も聞こえてきそうだが，学術的にはそうではない。

　次の事例はどうだろう。Bさんは30年以上もの間，偏頭痛に悩んでいる。どのような生活習慣にすれば，偏頭痛を減らせるかを明らかにしたいと考えた。そこで，「毎日朝5時に起床し，かつ，野菜と豆製品を合わせて500g以上摂取することを1カ月継続することは，偏頭痛発生頻度の減少に効果があるだろう」との予想を立てる。これを実践し，毎日，起床時間や食事の詳細な記録をつけ，偏頭痛の発生状況についても記録した。1カ月経ったところ，偏頭痛の頻度が下がった（注意：あくまでも仮想の例である）。Bさんはこれをもって，自分の予想はそのとおりであったと結論づけた。

　上のような一連の営みは，Bさんにとって貴重な経験である。しかし，学術的には，「あなたの場合には，たまたまそうだったのですね（ほかの人でもそうだとは言えない）」という評価になる。いつ起床して，何をどれくらい食べて，体調がどうであったか，気分がどうであったかをつぶさにつづった文章は，Bさん本人にとっては貴重であるが，Bさん個人の健康日記として扱われることとなる。

　社会学者の今田高俊（2000：3-4）によれば，「社会学に限らず科学の究極の目的はリアリティ（現実）をどう捉えるかにある」。今田は，

リアリティとは単に現象を表すのではなく，「現象に人々の関心が付与されてはじめて現実になる」とする。しかし，関心の有無やその大きさだけでリアリティを定義するのは不適切で，リアリティをとらえるとは，「人に対して，**なるほどそういうことか，納得がいく**といわせる分析をすることが重要」とも強調する。つまり，リアリティの有無は，どのような分析をしたか，またそれにより理解がどれほど深まったかに依存し，「リアリティは**研究法**により捉えられるもの」であり，研究法を学ぶ意義は大きいとする。また，同じく社会学者の中道實は，科学は「現実に見えるもの」を「現実として」受け入れる特定の基準を提供するとし，厳密な研究法の必要性について述べている（中道，1997：2）。

　このように，自分だけでなく，誰にとっても関心を寄せるような切実な生活上の問題があったとして，そのテーマに取り組むだけではリアリティに迫ったことにはならない。**学術的な意味でリアリティをとらえるには，科学的な方法を用いて人を説得する根拠をそろえ，それを明示することが必要となる。**

（5）自分の問いに合った研究法を選ぶ

　研究法は，実際の具体的なデータ（**経験的データ**）を使った**実証研究**と，経験的データは使わずに理論的にこたえようとする**理論研究**とに大別される。

　経験的データを使った実証研究には，さらに，使うデータが**量的データ**か**質的データ**かの区別がある。質的研究は，少数の（ときには特殊な）事例について言葉やふるまいといった数値化されない質的データを集め，要約や分類，解釈による分析を行うことによって現象のリアリティを理解するものである。インタビュー，参与観察，ドキュメント分析，エスノグラフィーなどがここに当てはまる。いっぽう量的研究では，数

値化された量的データをたくさん収集し統計による分析を行うことで，リアリティを検証可能なものとしてとらえる。質問紙調査法により体系的データを得て，データを図表に表すなどして記述したり，相関分析や多変量解析を行ったりする計量分析がその代表である。

経験的データを使わない理論研究には，仮説とモデル設定から数学的演繹（えんえき）によって研究するやりかたとして，数理モデル解析がある。この方法では，特定の時間や空間を超えて成り立つ普遍的なリアリティをとらえることとなる。

研究過程では，自分が設定した問いに答えられるよう適切な研究法を選ばなければならない。場合によっては複数の方法を用いることもある。**どういった方法が適しているかを検討する**上でも，先行研究の丁寧な読込みが助けになる。これまで，どういうテーマにはどういう研究法が用いられてきたか，それぞれの方法の長所と短所はどうであるかを把握することができるからである。

先に示したＢさんの「偏頭痛と生活習慣の関連について明らかにする」という試みについて，この試みは量的研究としてはサンプル数がまったく足りない。さらに多くの対象者のデータを集めた上で，統計的に分析がされなければならない。また，Ｂさんが設定した目的は質的研究には馴染（なじ）まない。しかし，たとえば「偏頭痛とともに暮らし生きるとはどういうことかを明らかにする」といった目的であれば，質的研究の方が適している。偏頭痛について自分がどのように感じ，他者からどのように扱われ，日常生活や社会生活の中でこれまで何をあきらめ，何をあきらめなかったのか等について，少数のケースの語りを深く掘り下げるといった具合である[2]。ただし，いずれにせよ，Ｂさんは自分自身を研究対象者として扱ってはならない。研究者の立場から，**客観的にデータを集め分析する必要がある**[3]。

3. 生活研究を文章にする

（1）論文の標準的な構成

　ここまでに生活研究の特徴と研究過程の重要性について述べてきた。自分の研究は決して独りよがりではなく，根拠に裏付けられた客観性あるものなのだと他の人にわかってもらえるよう，文章化の段階においても注意が必要である。

　そのためには，標準的なフォーマットを用いるなど，論文の一般的な作法に従うとよい。**独自のアレンジは不要**だ。

　標準的な論文は下記の①～⑧のような構成をとる[4]。

① タイトル

② 要約

③ 諸言（目的）

④ 方法

⑤ 結果

⑥ 考察

⑦ 結論

⑧ 参考文献

2　ある病と共に生きるという現象のリアリティを追究した質的研究として，蘭由岐子（2004，2017）によるハンセン病者のライフヒストリー研究がある。偏見，強制収容隔離といった状況を病者たちがどう乗り越え，どう生きたのか。この問いに答えるため，蘭は病者自身の多様な経験を聞き取り，詳細に示し，論じている。「第二章　ハンセン病者にとっての『家族』」「第三章　『悔い』を生きる」「第四章　『正直に』生きる」「第五章　『六つの名前』を生きる」「第六章　『社会』に生きる」「第七章　『訴訟期』を生きる」等からなる大著である。

3　研究者と研究対象者（当事者）が協働して，現実世界に生じている問題の所在を明らかにし，その改善や解決を実践的に進めていくといった研究方法（アクションリサーチ）もある。防災，防犯，福祉，保健医療といった様々な分野で導入されており，防災分野では矢守克也（2010）等を参照されたい。

4　ここでは一般的な構成を示している。投稿する学会誌等によって構成が異なることもあるので，それぞれの投稿規定に即して執筆されたい。

それぞれの注意点は以下のとおりとなる。

① タイトル

論文内容を端的に示す表題をつける。長いときには主題と副題に分ける。

② 要約

研究の目的，方法，結果をそれぞれ簡潔に述べる。要約を読むだけで論文の全体が把握できるように書く。

③ 諸言（目的）

ここは**研究全体の「問い」を示す**重要なパートである。研究の背景，動機，研究の意義，文献検討，研究目的を書く。用語の定義も示しておく。先行研究を精査して，その到達点と問題点を指摘し，残された問題点を解決するために自分の研究では何を明らかにするかを記述する。つまり，今までの研究と本研究との相違を述べ，自分の研究の先行研究の中での位置づけを示すことで，自分の研究の意義を書いていくこととなる。

このパートにおいて，自分の研究動機を熱く延々と語った上で，「こういった問題を解決するためには○○すべきだ」との意見を，やはり熱く語る文章を目にすることがある。繰り返しになるが，「諸言（目的）」は，これから自分が何を明らかにしていくかの「問い」を記述する段階である。にもかかわらず，自分の生活経験だけから得た「答え」をこの段階で強く言い張ろうとする文章は，主観的な意見文でしかない。そういったことは避けたい。

④ 方法

ここは，③で立てた「問い」に対して「**どのように答えるのか**」を示すパートである。研究を行った方法を具体的に述べる。研究の対象とその特性，研究時期，データ解析の方法等について，正確に書く。調査の場合には調査対象者，調査方法，調査期間，調査場所，調査項目，分析

方法等を具体的に記述する。実験の場合には誰もが追試（再現）できるように正確かつ具体的な表現を行う。理論研究の場合，論理的に順を追って書き，論理の飛躍が生じないよう，途中を抜かさないで書く。

⑤　結果

　これ以降は，「問い」に対する**「答え」を示す**パートとなる。研究で得られた**結果（事実）**について，自分の主観を交えることなく正確に書く。読み手にとってわかりやすいよう，図やグラフを用いるとよい。ここでは得られた結果以外のことを書いてはいけない。また，結果に対する自分の**解釈（判断）**は，ここでは書かない。ただし，⑤結果と⑥考察をまとめて構成することもある。その場合にも，結果（事実）と解釈（判断）は区別して記載するように気を付ける。

⑥　考察

　研究で得られた結果についての解釈を示す。記載した結果に基づいて論じることを徹底し，考察の過程に**自分の経験や身近で見聞きしたことを持ち出さないこと**。自分が当初立てた予想（仮説）と比べてどうであったかを記し，その解釈と合わせて記す。研究の結果と先行研究の結果との異同およびその理由について考察し記述する。また，何がなぜ明らかにできなかったのか，さらに何が必要か，今回行った研究の限界と今後の課題について記す。

⑦　結論

　「③　諸言」で「明らかにしたい」と宣言したことが明らかになったか，どう明らかになったか，どこまで明らかになったかを書く。

⑧　参考文献

　本論文の中で参考（引用）にした文献をすべて挙げる。引用順に書く，五十音順（アルファベット順）に書く，といったやり方が一般的である。

（2）　その他の注意

　論文の初めのパートでは，扱う主要概念の用語定義をしておきたい。これは専門用語に限らない。むしろ，たとえば「家族」「コミュニティ」など，多くの人が日常生活の中で何気なく使う言葉であればあるほど，人によりそのとらえ方は多様となる。用語を定義するのは，論文のスタート段階で概念を共有しておくことで，書き手の意図と読み手の受け止めの間の齟齬を防ぐためである。ただし，たとえば「戦後日本において家族概念はどのように変遷したか」のように，概念そのものの検討を研究目的とするような場合にはこのかぎりではない。

　アカデミック・ライティングでは，主観に基づく修飾語を用いてはいけない。たしかに，毎日の生活は「嬉しい」とか，「悲しい」とか，「なんて美しいのでしょう！」とか「けしからん！」と言いたくなる事象にあふれている。しかしこういった表現は論文には不要である。不要どころか，こうした表現が出たとたん，これまでの努力は水泡に帰す。また，論文は美文である必要もない。学術的な文章の要件は**客観性があること**，そして**わかりやすいこと**である。

　以上，この章では生活研究とライティングについて述べてきた。生活はいくつもの要素から複雑に組み立てられた総体であり，しかもその総体の持ち主（生活主体）に特有の個別性の高い営みとなる。複雑で個別な営みを普遍的にとらえることは，やさしいことではない。生活研究とそのライティングは，簡単そうに見えてじつはなかなか手強い。しかし，ぜひチャレンジしてみてほしい。生活はリサーチ・クエスチョンの宝庫なのだから。

《コラム：生活知と科学知》

　本章では，「アカデミックな文章を書くには」という観点から，生活の中で得た関心，知識や意見にとどまることの不十分さと注意点を述べている。ここで念のためであるが，本章の主張は，生活の中で得たそれらに意味がないとか，科学の営みの中で作り出される知識や知恵（科学知）より劣っているとか，そういったものでは決してない。

　科学知と生活知（生活の中で得た知識，知恵）は，下に提示したように対照的な性格を持ちながら相互に関わることで，それぞれを高め合うという関係にある。相互の関わり方としては，①生活の中に既存の科学知を取り込み生活知の一部とする，②生活者が科学に積極的に働きかけ必要な科学知を引き出す，③生活者の持つ知識が科学知と対等に問題解決に貢献する，の 3 方向がある（奈良・伊勢田，2009：14-23）。

　生活について研究をすることは，これら 2 つの知の高め合いに資するものという観点からも意義がある。

○科学知の特徴

　・科学的な検証を経ていない事物を科学知から排除する。

　・社会通念として科学知が知のすべてであるような扱いを受けることがある。

　・科学の手法で扱われる課題の範囲が広がり，内容も多岐にわたることから，科学知が細分化・専門化しており，全体を見渡すのが困難である。

○生活知の特徴

　・生活知は個別の経験に基づくものを中心にしており，普遍化は

困難であるし，言葉にすること自体が困難である場合も多い。
そのため共有されず個人的なものにとどまることも多い。
・生活知は本人にとっては自己の生活に関する重要な知であり，
なしですますことはできない。
・生活そのものの総合性に対応し，生活知は総合的であり，しか
も1人の個人がその全体を把握している。

参照文献

新睦人（1990）「生活システム」塩原勉・飯島伸子・松本通晴・新睦人編『現代日本の生活変動——1970年以降』世界思想社

蘭由岐子（2004）『「病いの経験」を聞き取る——ハンセン病者のライフヒストリー』皓星社

蘭由岐子（2017）『「病いの経験」を聞き取る〔新版〕——ハンセン病者のライフヒストリー』生活書院

一番ケ瀬康子（1972）「生活の歴史」一番ケ瀬康子・持田照夫編著『講座現代生活学研究I』ドメス出版

井上洋士（2019）『ヘルスリサーチの方法論〔改訂版〕』放送大学教育振興会

今田高俊編（2000）『社会学研究法　リアリティの捉え方』有斐閣

篭山京（1943）『国民生活の構造』長門屋書房（『篭山京著作集　第五巻』ドメス出版, 1984）

澤田昭夫（1977）『論文の書き方』講談社

中道實（1997）『社会調査方法論』恒星社厚生閣

奈良由美子・伊勢田哲治（2009）『生活知と科学知』放送大学教育振興会

三浦典子（1986）「現代の生活体制」社会分析学会編『社会学の現在』恒星社厚生閣

宮本みち子（1988）「生活とは何か」松村祥子・岩田正美・宮本みち子『現代生活論』有斐閣

矢守克也（2010）『アクションリサーチ——実践する人間科学』新曜社

4 │ アカデミック・ライティングの基礎③：研究の目的とタイトル

滝浦真人

《目標＆ポイント》　レポートや論文の作成プロセスを4段階で考える。まず，その論文などが何を目的とするのかを明確に意識することから始めたい。そして，何を考えたいかがわかる具体的なタイトルを考えることで，迷走を防げることを理解する。

《キーワード》　4つのパート，研究目的，"何について・何を・どのように"

1.「アカデミック」とは？

　説明的な文章一般を書く場合に意識しておきたいことがわかったら，次のステップとして，「アカデミック」，つまり学術的な文章を書く際に理解しておきたい事柄を押さえていこう。

　姉妹科目の印刷教材『日本語リテラシー』では，授業を受けて単位取得のためのレポートを書くようなケースを想定し，2つの章を割いて「レポートを書く」プロセスを解説した（第12章，第13章）。科目名に「アカデミック」が付く本科目では，レポートから卒業研究の論文ぐらいまでの幅を対象と考えているが，じつは，構想から執筆，完成までのプロセスそのものには，質的な違いはさほどない。あるのは，レポートでも専門科目になってくれば内容そのものの学術性が高くなることや，論文になれば全体の文章量が格段に増えることになるといった，（一応）量的な違いと言ってよい。

　とはいえ，学術性が高くなればなるほど，書き方の厳密さが求められ，
“何となく”書いたのでは読み手にわかってもらえなくなるし，文章量
が多くなればなるほど，論が矛盾なく通るように全体を見通してコント
ロールする力が必要になってくる。特に後者のスキルは，単純に量的と
言うだけでは済まないほどの——比喩的に言えば桁が１つ上がるくらい
の——違いとなるので，やはりそれなりの方法論が求められる。
　本科目では，学術性のレベルとして，次の２点を目安として置くこと
にする。

　　・これまでになされた**研究成果などを参照する**
　　・調査をしたりデータを収集するなど**自分自身の素材も利用する**

　これらをステップとして含む全体のプロセスを各章で説いてゆくが，
まずはプロセスの全体像を次ページの図4-1（次頁）に示しておこう。
大きく４つのパートに分けて考えることにする。特に関連の深い章番号
も合わせて記す。
　唯一絶対の型があるわけではないので，類書などでも少しずつ異なっ
ているだろう。しかし，大づかみな流れと各パートの位置づけはわかり
やすいと思うので，それを押さえておけばよい。

■ **“知の公共財”**
　読者の中には，大学での学びの集大成として「卒業論文」[1]に取り組
みたいと思っている人もいることと思うので，そのレベルの学術性につ
いても少し触れておこう。学術性が本格的なものになるほど，図4-1
でⅡとした「先行研究」のレビューに関わる部分と，Ⅲとした調査・デー
タに関わる部分の重要度が高くなる[2]。

1　放送大学では「卒業研究」と称している。
2　姉妹科目「日本語リテラシー」で掲げた図は，その部分が独立していなかった。

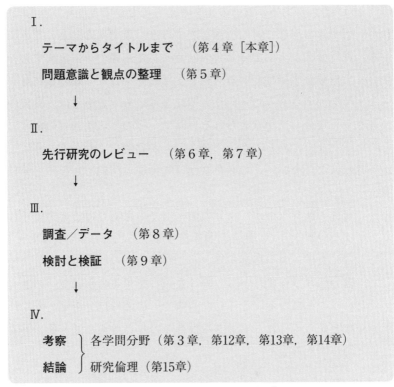

Ⅰ.

　テーマからタイトルまで　（第4章 [本章]）

　問題意識と観点の整理　（第5章）

　　　↓

Ⅱ.

　先行研究のレビュー　（第6章，第7章）

　　　↓

Ⅲ.

　調査／データ　（第8章）

　検討と検証　（第9章）

　　　↓

Ⅳ.

　考察｜各学問分野（第3章，第12章，第13章，第14章）

　結論｜研究倫理（第15章）

図4-1　レポートや論文の作成プロセス

　「巨人の肩の上に乗る」という言葉がある。万有引力の法則を発見したニュートンが書簡で書いた言葉として知られるが，視力を奪われた巨人オリオンが肩に案内の小人を乗せて歩いていく図像が以前からあり，その意匠を利用したものと思われる。その巨人とはすなわち**"先人たちの営みの大きな積み重ね"**のことであり，その上に立っているからこそ，より遠くまで見通すことができたのだという比喩になっている。先人たちの研究による積み重ねのことを**「先行研究」**と呼ぶ。研究における先

行研究とは，それがあるからその先を考えることができるという意味で，それが利用できる恩恵に対し敬意を表すべき対象である，との考えにつながる。先行研究が，すでに公共の財産として基礎の一部を成すものだとすると，自分が手掛けている研究もまた，そうした**"知の公共財"**に小さな1つを加える営みだということになる。そうであれば，自分の研究にもそうした公共性が求められるわけで，そのどこが既存の財産に加えられた新たな点であるのかを，読んだ人が誤解なくわかるようにしておかなければならない（このあたりは研究倫理の問題ともなる［第15章参照］）。

　自分の研究の新規な点が，自分の頭の中での思索だけで突然生まれてくることはない。一方で**"他人の頭を借りる"**ことをしつつ，くわえて，自分で手にしたデータや根拠を支えとしながら，それらを検討した帰結として，**自分のオリジナルとしての「主張」をする**のが研究（の論文など）だということになる。そうした意味で，最後に自分を支えてくれるのが調査などから得られたデータや根拠なのだと考えれば，その重要性は自ずと明らかだろう。

2.　4つのパート

　4つのパートに戻る。ここで強調しておきたいのは，多くの学生が思っているであろうよりもはるかに，Iのパートが重要だということである。よく見る説明として，レポートや論文は「序論・本論・結論」の3部構成で書くというものがある。別段誤っているわけではない（ただし，本節最後のコメントも参照してほしい）。だが，その「序論」がただの前口上や挨拶のようなものに過ぎないなら，学術性の点でそれを書く意味はあまりない。もし書くならば，書き手は何を知りたくてそのレポートなり研究なりを書くのか？　もっと言えば，**そのレポートなり**

研究なりがなぜ必要か？ということが，読み手にわかるようになっていることが期待される。自分自身で問いを立てる，と言い換えることができるが，この点については次節以下で改めて説明する。

　Ⅱのパートでは，「先行研究」すなわち，具体的には，当該テーマに関係の深い研究論文や研究書，ときに一般向けに説明した解説書などを取り上げる。まずはどんな先行研究があるのかを調べなければならない。図書館に行ってもよいが，今はインターネットを利用してかなりの情報を得ることができる。調べてみるとわかるが，当該のテーマや類似のテーマについて考察や調査をした先行研究はたいがいあり，たくさんある場合も珍しくない。そのことを悲観して，もう何も書けることなどないと諦めてしまう人もいるが，そうではない。

　先行研究をどうとらえ，どう利用すればよいかについては，第6章で詳しく解説するとして，ここでは1点だけ述べておく。取り上げる先行研究が決まったとして，それらを**"紹介する"**のではないということである。先の図4-1で，先行研究の「レビュー」という言葉を使っているが，それは，自分自身の知りたいことに照らして，**自分なりに先行研究を"評価する"**ことを意味する。**評価の結果，自分の問いはなお有効であり，考える価値があるということを，"小さな結論"として導く**ことができたら，見通しはかなり明るいといってよい。

　Ⅲは，調査を実施したりデータを収集するなどして，自分自身の手で考察のための材料を得る部分である。先にも述べたように，本格的な学術論文の場合には，この部分が**著者のオリジナリティ（独創性・新規性）**を支える最も重要な柱となる。通常の授業単位取得のためのレポートなどでは，ここまでしなくても特に問題とされることはない。とはいえ，小規模で略式のものでよければ，調査にせよデータ収集にせよ，何かを試みることはそう難しいものではなく，また，自分自身の材料を得るこ

とで，そこから論じることのできる新たな事柄が必ず出てくるので，このパートがあるレポートや論文は，何かを論じることにおいて基本的に有利であると言える。

　詳しくは第8章で解説するが，ここでは1点だけ指摘しておく。卒業研究などでも，構想を話してもらうと，

　　「○△について考えたいと思います。手法としてはアンケート調査を考えています。」

のように言う人が実に多い。しかし，あらかじめ言っておけば，このような研究は行き詰まってしまう可能性が高い。おそらく，この言葉の裏側には，

　　「○△」についてわからないことがあり，それについて知るためには，それを人々がどのように考えているかを尋ねればいいから，アンケートを作成して尋ねれば自分の欲しい情報を手に入れることができるはずだ

という考えがあるものと思われる。しかしどうだろう？　ある事柄の原因が何なのかわからないと思った人が人々に尋ねるとして，尋ねられた人々にはその原因が何なのかわかるのだろうか？　尋ねた人と同じように，尋ねられた人々もまた，わからないのではないだろうか？　原因がAかBのどちらかだろうという見当まで付いているならば，原因はどちらだと思うか？という質問をすることができる。そうしたら，人々がAとBのどちらが原因と考えるか？についての答えを得ることはできる——ただし，本当の原因がどちらなのか？あるいはほかの何かなのか？

はわからない。

このように考えてみればじつは容易にわかることだが，アンケート調査で有益な情報や知見を得たいと思うならば，調査をする人自身はその答えのありかについて，ある程度（かなりの程度で？）見当が付いていなければならない。見当が付くから，ピンポイントでAとBのどちらなのかを尋ねる質問を作ることができるのであって，見当が付かないならば，何を尋ねればよいかの見当も付かないと言うべきなのである。そうした意味で，アンケート調査についてぜひ頭に入れておいてほしいことを記しておこう。

アンケート調査とは，調査者にはある程度見当が付いていることについて，確証を得るために行う手段だと思った方がよい

最後のパートⅣは，全体の締めくくりであり，文字どおり，締りが良くなるか悪くなるかはここにかかっている。「**考察**」という言葉は慣れないとイメージがつかみにくいかもしれない。たとえば，全体のタイトルにも「△○から見た○△の考察」といった具合に使われることがあるし，最後の締めのところでも使われる。図4-1で「考察」と「結論」が別々に置かれていたことを疑問に思う人もいるかもしれない。調査やデータの検討自体はⅢの中で行ったものとすると，ここでの「考察」は，Ⅰ・Ⅱ・Ⅲの3つのパートでコメントしたり論じたりしたことを，互いに突き合わせて何が言えるかを検討することを指す。自分で考えたいと思った方向性や観点と，先行研究のレビューから見えてきたことと，自分自身の材料から言えることを合わせ，全体として何がわかったのかを述べる部分である。

最後の「結論」は，全体的な考察を要約的に述べてまとめとする，と

いったイメージの人も多いだろう。しかし，これについても，先の「序論」と同じように，単にそれだけならわざわざ「結論」と大上段に構えるほどのこともない。ではなぜ「考察」とは別に「結論」を立てるかと言うと，自分自身のレポートや論文として，**初めに自分で立てた問いに対する答えを最後に出す**ことに意味があるからである。つまり，考察の結果を踏まえて，自分は自分の問いをこのような答えで締めくくる，と述べることで，プロセスの全体を書き手自身のものとして閉じることができるわけである。

　このように眺めてくると，よく言われる「序論・本論・結論」という３部構成は，あまり実質的な意味がなさそうに思えてこないだろうか？　４つのパートのⅠは，「序」なのかもしれないが，自分が考えたいことの問いを立て，それがどういう点で問題にする意義があるのかを述べていくのであれば，もうすでに論の実質，つまり「本論」と言いたくなる。Ⅱの「先行研究」は他人の研究の評価だが，それは「序論」なのか「本論」なのか……？　などと考えても，詮無いことのように思われてくる。

　代わりというわけではないが，強いて３部構成的に分けて考えるとしたら（３という数字の切りがいいのは確かでもあり），

問い・根拠・答え

とでもしてはどうかと思っている。「先行研究」を検討した結果として自分の問いの有効性をアピールすると考えれば，そこまでが「問い」で，次に自分の頭と手足で得たデータ等が「根拠」であり，それらを踏まえた最後の考察と結論が「答え」ということになる。

3. テーマからタイトルまで

　プロセスの全体をざっと眺めたところで，まずはパートⅠの前半から見てゆきたい。「テーマからタイトルまで」と名付けてみたが，「テーマ」や「タイトル」といった言葉の説明が必要だろう。こうした言葉の使われ方はかなり多様であるのが実情なので，ここでの使い方ということで了解していただくことにして，3つの言葉を使って説明したい。

　　a．緩やかなテーマ　（テーマ＝領域の指定・限定）
　　b．様々なトピック　（トピック＝対象となる話題・事柄）
　　c．具体的なタイトル　（タイトル＝レポートや論文の内容を反映した題目）

　中心となる言葉だけでなく，「緩やか」とか「様々」のような形容詞を付けたところにも意図がある。この3つは，a→b→c の順に進んでいくことを想定している。

　レポートなら，示された課題に「△○について」とか「△○に関して」といった指定や限定があるだろう――授業であれば，その授業で扱った領域という限定が初めからあるとも言える。そのときの「△○」に当たるものを，取り上げる領域の指定や限定という意味で「テーマ」と呼ぶことにしよう。こうした意味での「テーマ」が指しているのは明らかに，**緩やかな範囲**のようなものである。論文になると，人から指定されるというよりも，自分の関心領域や（大学院などになれば）専門領域が，そのまま研究のテーマということになる。レポートにせよ論文にせよ，こうした緩やかな範囲の指定や限定である「テーマ」がそのままレポートや論文のタイトル（題目）になることは考えられない。

　たとえば授業であれば，科目名や講義題目と呼ばれるものが，ここで
いう「テーマ」に当たる。そして，その下に，各回の授業で取り上げら
れる**話題や事柄**が来る。その各々が「トピック」である。1つ具体的に
示そう。筆者（滝浦）の実例を基に，「日本語の性格」という科目名で
8回にわたる講義をしたとき，各回の内容が図4-2に示すようなもの
だったとする。

　このとき，科目名の「日本語の性格」が「テーマ」であり，各回で取
り上げた，「漢語・和語・外来語」「オノマトペ」「連濁」といった話題
が「トピック」である。毎回変わるトピックは当然様々であることにな
る。

　テーマそのままではタイトルにならないというのは，この例で言えば，
「日本語の性格」という授業で「日本語の性格について」というタイト
ルのレポートはちょっと考えられないということである。では1段下の，

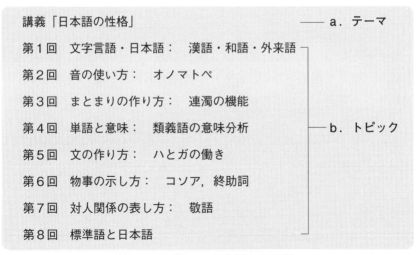

図4-2　テーマとトピックの例

より具体的な「トピック」ならどうだろう？　たとえば，「ハとガについて」「終助詞について」「敬語について」といったタイトルのレポートは，実際問題としてはよく見かけると言ってよい。それらはレポートや論文のタイトルとしてふさわしいだろうか？　筆者はこれをお勧めしない──そしてじつはここが1つのポイントだと考えている。

　たしかに，「日本語の性格について」に比べれば，「敬語について」の方がはるかに具体的だし，敬語という対象ははっきりしているから，考えたい事柄も思いつきやすいかもしれない。しかし，今の最後の部分の言葉をもう一度読み返してほしい。「考えたい事柄も……」と書いている。それは「敬語」ではないのか？　そう，「敬語」ではないのである。「敬語についてXを考える」という「X」が言葉になってはじめて，何を考えたいかがはっきりする。つまり，「敬語」というトピックはまだ話題に過ぎないのであって，**それ"について"の"何を"考えたいかが決まらなければ，書くべき事柄もわからない**。ここから，アカデミック・ライティングに必須の要素というものを考えることができる。それが決まらないと書き始められないという意味で，次の3つの要素が必須である。

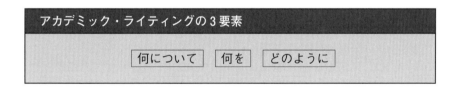

アカデミック・ライティングの3要素

何について　　何を　　どのように

　"何について"というのは，今の例で言えば「敬語」である。しかし，「敬語について」だけでは，まだ何を考えればよいかがわからない。敬語について，たとえば，最近よく聞かれる言い方が「誤用か変化か」を

考えたいということならどうだろう？　一気に内容が具体的になることがわかる。「……させていただきます」といった言い方について，気になるという声も聞くし，誤りだという話も読んだことがあるが，この言い方を人々が盛んに使っているのも事実だとすれば，そのことに何か理由はないのだろうか？といった論点がありうるだろう。立派に考察の対象と言える。ではそれは，どのような手段を使えば可能になるだろうか？　人々の意見も調べる必要があるが，何より実際に使われている言い方が，どんな事柄についてどんな文脈で使われているのかを見なければ，確かなことは言えそうにない。ということは，実際の用例をインターネットなどで収集する必要がある。以上をまとめると，

　　３要素の例
　　　敬語の最近よく聞く言い方について　　　誤用か変化かを
　　　実際の用例を収集して　　考察する

となる。

　ここまでしっかり考えておく最大のメリットは，こうしておけば，この後自分が何をしていけばよいかが，この時点ですでに明確になることである。上の例で言えば，新聞などでの取り上げられ方を調べ，もしかしたら世論調査のようなものがないかを調べ，すでに先行研究もあるかもしれないから論文検索をかける，といった作業がすぐに思い浮かぶ。用例収集の実際については，やや専門的な注意点などいろいろあるが，ここでは省く。

■タイトルを付ける
　３要素が決まれば，レポートや論文のタイトルを決めるのも容易であ

る。先に，　c．**具体的なタイトル**　というふうに「具体的」を付けておいたのは，タイトルはあいまいにせず，内容をきちんと反映するものがよいという考えに基づいている。上の例にタイトルを付けよう。取り上げる表現が主に「……させていただく」なら，それを入れてしまえばよい。

敬語表現「させていただく」は誤用か変化か？

これで十分である。論文などで，３要素の「どのように」まで盛り込みたいなら，副題を付けることもできる。副題は，──（ダッシュ，ダーシ）で導いたり挟んだりすることが多い。

──用例の検討に基づく考察──

こんな具合になるだろうか。
　このように，　a．テーマ　→　b．トピック　→　c．タイトル　と具体的になっていく最後に来ているのが「タイトル」である。レポートや論文で「何を書いてよいかわからない」という悩みをよく耳にするが，そういう人の考えは，タイトルが「テーマ」そのままだったり，「トピック」止まりであることが多い。それでは，何を書けばよいかはわからない。**もう一段具体的に"何を"まで考えられたなら，何を書けばよいかが自然とわかってくる。**
　図４-２にせっかく実際の授業におけるトピックの例を挙げたので，いくつか見つくろって，それらについて"何を"考えられそうかを考え，タイトルの形で表してみることにしよう。考える中で，よくないタイトルの例についても触れることにする。たとえば，第１回のところには

「漢語・和語・外来語」とある。授業ではそうした語種の使い分けなどを学んだろうか。タイトルとして，「和語の美しさ」はどうだろう？しつこいようだが，それ自体が書き手の主観的な「意見」だから，それについての客観的なレポートや論文は書けない。よって不可である。では，日々増え続けるように見える外来語はどうだろう？　意味のわからない新しい外来語も次々に出てきて，それをわかりやすい別の言葉に言い換えようといった提案もなされているが，一向に減る気配がない。ならば，このことを取り上げ，

　　　外来語が減らないのはなぜか？

というのはどうか。善悪にかかわらず，何であれ現象には基本的に理由があると考えてよい。それを「なぜか？」と問うことは可能である。ただし，この場合なら「外来語が減らない」ことが事実であることを確認する必要があるのと，一般に，あまり抽象的な事柄を「なぜか？」と問うても，具体的に考えようがないということは頭に入れておきたい。

　図4-2第2回は「オノマトペ」がトピックだった——擬音語・擬態語のことを総称してそう呼ぶ。「キラキラ」や「ギラギラ」など，音が意味を直に背負っているように見える仕組みなどが説明されたことだろう。オノマトペのように，具体例や実際の使用例を思い出しやすいトピックでは，調査を柱に組み立てることを考えるのも一法である。たとえば，オノマトペといえばマンガの背景に手書きで書き込まれたオノマトペを思い浮かべる人もいるだろう。あるいは，オノマトペを利用した商品名が浮かぶという人もあるかもしれない。それらはどのような働きをしているか？あるいは，それによってどのような効果が生じているか？といったことを考えることは十分可能である。それらについて，自

分で簡単な調査をし，その結果に基づいて考察するというのはどうだろう。タイトルとしては，

　　マンガにおけるオノマトペの表現効果
　　オノマトペを用いた商品名に見られる傾向

といったものを考えることができる。前者については，調査対象とする作品名を副題に付けるのもよい。後者について付言すれば，食べ物，特に菓子類などでは，「モチモチ〇△〇」のようなネーミングが多い印象があるし，家庭用品でもお馴染みの名前がいくつか思い浮かぶ。他方，大きく高価な物になると，オノマトペは縁遠い印象となる。たとえば車なら，高級車ではありえなさそうだが，軽自動車ならありうるかもしれない，といった具合に。

　第4回は「類義語」がトピックだった。類義語の使い分けに関して，境界線の見つけ方のようなことを学んだだろう。これも，具体的に自分で類義語の例を設定して，授業で学んだことを実践してみることができる。たとえば，

　　「社会」と「世間」はどう違うか？

などどうだろう。どちらも同じような場所（範囲？）を指しているように思えるが，言葉のニュアンスとしてはかなりの開きがある。この場合，「意味分析」という手法を用いることになる。これは，文例の中に当該の語を入れてみて文が成り立つか成り立たないかを判断し，それを積み重ねて語義の境界線を定める手法である。初めからタイトルに入れてしまって，「『社会』と『世間』の意味分析」とすることもできる。

　最後にもう1つ見ておこう。第6回では「終助詞」が取り上げられた。「ね」や「よ」，あるいは「か」のような文末などに付く助詞である。文例を通してその働きを抽出するような説明があっただろう。このような場合，すでに説明を聞いてしまっているので，自分で何かを付け加える余地などないと感じられるかもしれない。だが，一つ覚えておいてよいかもしれないのは，ある要素の働きについて考えたいとき，それ自体を考察するのが"表"だとすれば，それがなかったらどうであるか？を考える"裏"の道も，普段考えないことに気づかせてくれるところがあって面白いものである。そうした観点から，

　　もしも終助詞がなかったら

という問いの形を考えることもできる（思考実験ということになるだろう）。

　こうして見てくる中で感じてもらえたと思うが，タイトルは具体的な方がよいと考えるのは，**それについて何をし，何を考えればよいかが，タイトルの中にすでに含まれている**からである。そうした具体性に乏しいタイトルは，見かけがスマートに見えたとしても，いざ書こうと思ったときに，どこから手を付けてよいかわからず，結局途中で暗礁に乗り上げてしまいがちとなる。4つのパートのIが意外に重要だということの一端がここにある。

　以上を含め，タイトル（研究の問い）が満たしているべき条件ともいうべきことをまとめておこう。まず，**問いの意味が一通りに読めるもの**でないと具合が悪い。**抽象的過ぎる問いや身の丈を越えた大き過ぎる問いは適切でないことが多くなる**が，その理由の1つがこれである。たとえば，「コミュニケーションについて」では論文どころかレポートも書

けそうにないが，そもそもこの問いの意味自体が，"何を"を欠いてしまっているためにまったく明確でない。読む人によって何通りにも解釈できてしまうような問いは，問いとして十分に立っていないと考えた方がよい。

　そしてもう1つ，何か**答えの出ていない問いを前提とした問い**は答えられないので要注意である。（売らんかなの新書などでよく見かける）「デキる人はなぜ○△なのか？」のようなタイトルは，「デキる人は○△である」ことが事実であることを前提としているが，そもそもそう言えるのかどうかがわからないときに，それを前提としてしまった問いは答えようがないことになる。また，これと重なるが，検証でき（てい）ないものを考察の対象とすることは，やはりそれを前提としては問うことができないということに注意する必要がある。

参照文献

滝浦真人（2021）『改訂版　日本語リテラシー』放送大学教育振興会

5 | アカデミック・ライティングの基礎④：問題意識と観点の整理

滝浦真人

《目標＆ポイント》 書き始める前になるべく遠くまで見通せていることを目指したい。自分が答えを出したいことが何なのかを問いの形にし，手持ちの材料を配置して考察の観点を整理しておきたい。そのための方法や補助的な手段についても解説する。

《キーワード》 問いと答え，"独りブレインストーミング"，概念マップ（概念地図）

1．頭の準備体操

　タイトルが決まったら，さあ書き始めよう！と原稿用紙（今どきならパソコンが主流？）に向かいたくなるかもしれない。だが，書き始めるのはまだ早い。第4章の図4-1をもう一度見てほしい。パートⅠにはもう1つ項目があり，「**問題意識と観点の整理**」とあった。

　「問題意識」と「観点」は明確に分かれた2つのものというより，書き始める前にしておくとよいことの2つの面と言った方がよいかもしれない。問題意識というのは，自分が考えたいことが何なのかを言葉にしておこうということで，**3要素の"何を"に当たるものをいくつかの問いの形で立て直す**と思えばよい。この問いを明確にしておくことで，最後の結論で出す答えも明確になる。

　次の観点というのは，その問いを考えるに当たって，手がかりにした

いことや切り口にしたいことを，あらかじめ整理しておこうということである。ただし，**この時点では，どんな観点がありうるかについて，書き手自身もよくはわかっていない**。自分自身よくはわかっていないものを整理しようとすることは，思いつく様々な要素から，考察に必要だったり役立ちそうなものを抜き出し，似たもの同士をグループにまとめ，包含関係や因果関係がありそうなものは互いに関係づけるといった作業を必要とする。じつはこの作業こそが，レポートや論文を書くために欠かせない，**書き手の頭の準備体操**である。

　何人かが集まってプロジェクトを進めるときなど，最初に「ブレインストーミング」と呼ばれるステップを踏むことがよくある。“脳みそをかき回す”ためにすることは，各人が思いついたことを自由に挙げていって，いわば，ある言葉などから連想される事柄をすべて挙げて，一度それらを見渡しておくことである。その時点では評価や判断をせず，とにかく挙げたら，上のようなグループ化や階層化といった作業によってアイディアを整理する。上の観点整理は，こう考えてみると，書き手の**“独りブレインストーミング”**のようなものだと言える。

　アイディアを整理するのに，様々な道具を使うことができる。たとえばカードや紙を使う手法は最も古典的と言えるだろう。古典的とはいえ，パソコン全盛の現在でもこうした紙の道具を愛用する人は少なくない。梅棹忠夫や川喜田二郎といった学者がおよそ半世紀前に紹介・提唱して以来（梅棹 1969，川喜田 1967，川喜田 1970），アイディアの保存・整理だけでなく，読んだ本などからの抜き書きや文献情報などの保管のための代表的な手段となった。梅棹の紹介したＢ6判大のカードは「**京大式カード**」という名で広まり，川喜田はカードを用いたアイディア整理法を「**KJ法**」と名づけて提唱し，普及を図った[1]。欧米起源の手法ももちろんあり，アイディアや概念間の関係をまとめて地図のように視覚

1　「KJ法」は㈱川喜田研究所の登録商標である。

化する**概念マップ**（概念地図）のような方法も広まっている[2]。

　こうした手法には，**アイディアなどの要素を挙げたら，それをグルー
プ化，階層化して，まとまり同士の関係を図示し，全体をいわば視覚化
した後，文章などの形に直して使うという考え方**が通底しているように
思われる。以下本章でも，具体的な例を使いながらそうしたシミュレー
ションをしてみよう。

《コラム：残す道具・書く道具》

　その話に入る前に，"現代版"道具の話を少しだけ書いておきた
い。こうした道具を好まないという読者もいることと思うが，関心
に触れるところだけでも読んでみてほしい。

　パソコンを使う人であれば，古典的な「カード」に代えて，
Excel©や Numbers©といったいわゆる表計算ソフトをデータベー
ス用に使うことができる。読んだ文献のメモなど，項目を決めて入
力していけば**自分だけのデータベース**ができあがる（後で検索でき
るようにデザインしておくことが肝心！）。最近は，内容も形式も
雑多なままで，とにかく何でも放り込んでおくというやり方が流行
りのようでもあり，メモ・アプリと呼ばれるソフトウェアを利用す
る人も多い（第7章第3節も参照）。

　いざレポートなどを書く場合にも，手書きではなくワープロソフ
トを使う人が多いだろう。筆者は，アカデミック・ライティングに
は**ワープロ書き**を勧めている。その理由はいくつかあるが，可塑性，
保存性，視認性の3つが大きいと考えている。**可塑性**とは，書きな
がら（あるいは書いたものを）修正することが容易で，複数のもの
を合体させるような操作も簡単にできる性質である。**無限の修正可
能性**といってもよい。原理的には紙でも可能だが，修正のたびに書

2　よく目にする言葉の1つに「マインドマップ」があるが，「トニー・ブザン」
（Tony Buzan）の登録商標である。

き直すとしたら作業量は膨大となる（切り貼りでも大変なことになる）。**保存性**は，いうまでもなく，書いたものをパソコン内や外部の記憶装置に保存しておくことが容易で管理も簡単だという性質である。業者の貯蔵スペースを借りてデータ類をそこに保存するようにし，インターネットを介してどこからでもつねに最新状態のファイルにアクセスして作業ができる，クラウドサービスと呼ばれる方式も急速に普及している。いつでも内容が同期できるため，家とオフィスと携帯端末など，複数の機器を使って作業するのに大変便利と言える。**万一**に備えた**バックアップ**という意味でも心強い。

　視認性というのは，実際に文章を書いている最中の見やすさのことで，ワープロの場合，1ページに1000字以上が簡単に収まってしまうため，自分が書いてきた文章を広く視界にとらえることができる。紙の場合，「レポート用紙」だと多少これに近いが，原稿用紙に書く場合だと，1枚当たり400字や200字という単位となって，ワープロの半分以下，ときに数分の1となる。特に200字というのは，小説家のようなプロの書き手が，一息に書く文章の量といったところで，学術的な文章にはあまり向かないと筆者は考えている。学術的な文章は，流れの心地よさといったことよりも，**まとまりとつながりの一貫性が大事**なので，なるべく**広い範囲が視界に収まっている方が有利**だと思う。

　次に，パソコンで書く場合の道具の比較をしてみたい。上で「ワープロで書く」と言ったが，文章を書くときに使えるソフトウェアは，「Word©」のような「ワープロソフト」のほかにも，「テキストエディタ」や「アウトラインプロセッサ」といった種類があり，目的に応じて使い分けることができる。ワープロ（ワードプロセッサ）というのは，ただ文章を入力するだけではなくて，文章をきれ

いに印刷するために必要な様々な設定の付いた，じつは複合的なソフトウェアである。新しいものほど高機能と言ってよいが，その分だけ使いこなすのも容易でない。印刷ということを考えなくてよい場合や，さしあたりとにかく文章の入力だけできればよいという場合には，逆にそうした多機能性が煩わしくもなる。そうしたニーズを満たす，**文章の入力だけに機能を限定したソフトウェアは「テキストエディタ」**と呼ばれる。

簡易ワープロだと思えばよく，レイアウトやフォント，文字飾りなどのことを考えることなく，ただ入力だけのために利用する——ページの境界といったものもない。機能があまりない代わりに動作が軽快だという特長がある。筆者はこのテキストエディタ派である。文章をこれで書き，おおむね書き終えたところでテキスト形式（.txt）のデータをワープロソフトに流し込んで，レイアウトを調整し，フォントや文字飾りなどを指定して，文章の最後の仕上げをするという，二段構えのような書き方をする。個人的には，この方が文章の内容だけに集中できて楽な感覚がある。

「**アウトラインプロセッサ**」はあまり馴染みがないかもしれない。これは，"**目次**"機能が付いた**テキストエディタ**と言えばいいだろうか。たとえば，論文を書くことを考えると，論文は，いくつかの節に分かれ，節はさらにいくつかの項に分かれ，さらに細かな下位の項に分かれる，といった構造を持っている。それを頭から順々に書き進めることも可能ではあるが，多くの場合，まずは節や項の見出しを付けて，すでに書くべきことが決まっている部分から手を付けるといった具合に，同時並行的にいくつかの部分を書き進めることも多い。アウトラインプロセッサでは，まさに目次のようなウィンドウがあって，そこに上のような階層構造そのままを収めること

ができる。そして，そのとき書きたい部分の見出し等をクリックするとそのパートが表示されて，作業を進めることができる。各部分を別々のファイルにしておけば中身は同じだとも言えるが，ファイルの数が多くなり過ぎると煩雑となる。それを解消してくれるソフトウェアだと言える。ワープロソフトである Word© にも，じつは表示メニューにアウトラインモードというのがあるので，試してみることができる。

　理系で複雑な数式を書く必要があるときなど，通常のワープロソフトでは煩雑すぎて非常に効率が悪い。それを解消する目的で開発された組版処理システムとして TEX が知られている。第12章4節を参照されたい（TEX で書かれた文章は，原稿段階でも出力すれば完成品と変わらない美しさになるので，舌を巻く）。

2.　問題意識を問いに

　ではここからは，実際にレポート（論文？）を書くようなつもりになって，頭の準備体操をしてみることにしよう。せっかく前章で具体例を考えたので，本章でも引き続きそれを使いながら進めていきたい。

　前章では，［敬語の最近よく聞く言い方について］［誤用か変化かを］［実際の用例を収集して］考察する，という3要素に対応させる形で，

　　タイトル：
　　「敬語表現『させていただく』は誤用か変化か？ ―用例の検討に
　　基づく考察―」

というタイトルを考えたのだった。これについて，問題意識と観点をそ

れぞれ言葉にしたい。

　まず問題意識だが，このタイトル自体が問いの形になっており，もうよいのではないか？と考える人もあろう。よく練られたタイトルは十分具体的なので，問題意識を読み取ることがしやすいのは確かである。とはいえ，考えるべき課題は具体的なほど考えやすいから，問いの方もなるべく具体的に噛み砕いてみよう。まず，「……させていただく」という言い方が取り沙汰されるとき，その何が問題だと言われるのか？という点をはっきりさせる必要があるだろう。この言い方が誤用だとされるとき，何が誤りだと言われるのか，きちんと確認しておきたい。文法的におかしいのか，意味がおかしくなるのか，文脈に合わないのか，そのどれなのかによって話が大きく変わるかもしれない。「変化」についても考えるべきことがある。もし何かが変化してこの言い方がよく用いられるようになったのなら，変化したのは何なのかを知りたくなる。そしてまた，変化したのなら，変化する前はどのように言っていたのかということも知りたくなるだろう。

　以上のことを，問いの形にしておこう。細かく分けることも可能だが，大きく「誤用」と「変化」に対応させた2つの問いではどうだろう？

問題意識：
敬語表現「させていただく」について，
① **誤用だとすれば何がおかしいのか？**
　　——文法か？　意味か？　文脈か？
② **変化だとすれば何が変わったのか？**
　　——以前は何と言っていたか？

どうだろう？　このレポート（論文）はまだ書き始められていない。

　いないが，もうこの問いを見ただけで，何を考えればよいかがかなり
はっきりと思い描けるのではないだろうか？　こうして事前の準備を
しっかりやっていくほど，実際に書き始めてからのプロセスはどんどん
スムーズになる。

　タイトルが「誤用か変化か？」なのに，①と②の問いを並列させてよ
いか？と心配になる人もいるかもしれない。たしかに，AかBかという
選択的な書き方をしたが，ある現象に関わりそうな要因が2つ浮かんだ
ときに，どちらか一方の関与が100％だということはあまり考えられな
い。どちらの関与もあって，どちらかがより大きいとか，見方によって
違って見えるといったケースが多い。1つのポイントとして書いておけ
ば，**学術的な文章の目的は，ある価値的な判断を決することではない**，
ということを押さえておいてほしい。この場合も，AなのかBなのかを
決するためにこのレポート（論文）があるというよりも，何をどう見た
らAに見え，何をどう見たらBに見えるか？を明らかにすることに，大
きな目的がある。その上で，総合的に見て，どちらを中心的と考えたら
敬語全体の現在の問題が理解しやすくなるか？といった考察を加えられ
たらなおよいということである。

3. "独りブレインストーミング"

　敬語の授業ではないので，そちらの話をあまり詳しく書いても仕方が
ないが，読者も上のタイトルと問題意識でレポート（論文）を書いてい
るつもりでともに考えてほしいので，少々お付き合いいただきたい。た
だし，初めから全部をたどっていくと大変なので，ある程度考えが進ん
だところでどんなふうに**全体を構造化する**か？という部分に焦点を当て
ることにしたい。

　上の2つの問いに沿う形で，「させていただく」の具体的な使い方も

イメージしながら，考えたことをメモしていくとしよう。「させていただく」が誤用だと言われるときに何が問題となるのかを具体的に考え，他方では，以前はそれほど使われなかった「させていただく」が増えたのだとしたら，言い方がどう変化したことになるのかを具体的に考える。また，出発点として基本的な事柄の確認も行おう。やり方はいろいろ可能で，最も原始的なところとしては，浮かんでは書き留めたメモをバラバラにして，関連するものはグループ化し，グループ同士の関係を考えながら配置し，大きな流れができるように並べていく，といった手法が思い浮かぶ。ホワイトボードと付箋紙を使って，グループ間に矢印などを書き込んでいくやり方も，よく見るようになった（先に触れた「KJ法」なども基本の考え方は似ている）。ここでは，概念マップを作るソフトウェアを試してみることにした。できあがった図5-1を次頁に載せる（ソフトウェアは「SimpleMind Pro©」を使った）。なかなか整然としたわかりやすい図が描けた[3]。

　では少し内容を押さえよう。図で，上が［確認］，左が［誤用？］，右が［変化？］，そして下が［気づき］である。まず確認しておくなら，「させていただく」という形自体は文法的に誤っていない——当たり前のようでもこういう基本的な確認は大事である。そして，その意味は，「……

---

[3]　自分で言うのもはばかられるが，"美しい"図だと思う。これが描けたなら，その人が書くレポートや論文も，整然としたきれいな論になることだろう。ただ，なぜこのような図が描けるかの理由を正直に述べておくならば，それは描いた人（私）の頭の中が，すでにこのように整理されていたからにほかならない。このトピックのことはとてもよくわかっているので，たとえばこれで授業をするとしたら，このような構成で話すだろうというくらいのつもりで描いた。ということは逆に，ゼロからスタートしてこの図が描けることを，あまり期待しない方がいいかもしれない。
　もう1点，図の美しさやわかりやすさはソフトウェア（アプリ）に大きく依存するが，字の大きさや色遣い，項目の配置などまで，自動的にこのように作ってくれるわけではなく，自分で試行錯誤しながらやっていくしかない。そのうちに，どうしてもきれいに作りたくなってしまうともう後戻りできず，できあがった頃にはすでに半日が経過しているなどということにもなりかねない（実話！）ので，人による向き不向きはありそうに思う。

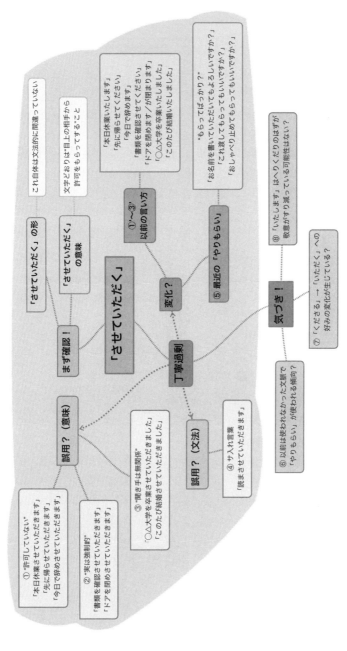

図5-1　「させていただく」は誤用か変化か？の概念マップ例

させてもらう」が“相手の許可を得て……する”ということだから，それの敬語形ということで“目上の相手から”という意味が加わると考えればよい。

　誤用と言われるときには，この“相手の許可”という点に問題のある場合が多そうだった。考えついた例は 3 つのタイプに分けられそうに思われた。聞き手が抱く違和感がどのようなものかに着目すると，①許可した覚えはない，②実際には強制と言うべき，③聞き手は無関係，と分けられた。とりあえず思いついた使い方を合わせて挙げる。

　　①［誤用？：意味］“許可した覚えはない”
　　「本日休業させていただきます」
　　「用があるので先に帰らせていただきます」
　　「今日で辞めさせていただきます」
　　②［誤用？：意味］“実際には強制と言うべき”
　　「では書類を確認させていただきます」
　　「この辺でドアを閉めさせていただきます」
　　③［誤用？：意味］“聞き手は無関係”
　　「このたび○△大学を卒業させていただきました」
　　「私たちはこのたび結婚させていただきました」

　これらはすべて，意味的なところが問題となっている。これらはどれも，実際の状況と言語表現が合致するかしないかという問題であるため，結局は文脈的意味ということでまとめるべきかもしれない。

　誤用でも文法的な誤りはないだろうか？　ないわけではないことがわかった。「させていただく」という形自体は間違っていないと書いたが，最近よく「サ入れ言葉」という言い方で指摘される「読まさせていただ

きます」「行かさせていただきます」のような言い方は，規範的には誤った形ということになる。④として挙げる。

　④［誤用？：文法］　サ入れ言葉
　　「読まさせていただきます」

　上に付く動詞の活用の種類によって「さ」が付いたり付かなかったりするはずのところで，委細構わず「させていただく」を付けてしまう使い方といえ，この形が自分の“へりくだり”を表す固定した1語のように意識されているのかもしれない。
　①〜③は意味的，④は文法的と分かれるが，話し手の意識としては，“相手に配慮して”“へりくだって”丁寧に言っているつもりがあるように思われた。そういう意味では，どうせ間違えるなら丁寧な方に間違えておけ，という心理が働く「丁寧過剰」的な現象のようにも思われた。
　今度は概念マップ（図5-1）の右側である。「させていただく」を変化としてとらえるのであれば，まずは以前ならどう言ったか？ということを考える必要があるだろう。上の①〜③に対応させて考えてみた。①′〜③′として挙げる。

　［変化？］　以前ならどう言ったか？
　①′「本日休業／本日休業いたします」
　　「用があるので先に帰ります／先に帰らせてください／お先に失礼します」
　　「今日で辞めます」
　②′「では書類を確認させてください」
　　「この辺でドアを閉めます／この辺でドアが閉まります」

86

③′　「このたび○△大学を卒業いたしました」
　　　「私たちはこのたび結婚いたしました」

　「帰ります」「閉めます」のようなプレーンな形か，「いたします」の
ようなへりくだり，あるいは「……（さ）せてください」のどれかであ
ることがわかる。「ください」は恩恵の授受表現だが，ほかはそうでな
い。
　いわゆる「やりもらい」を授受表現と呼ぶ。やりとりされるのは“恩
恵”関係であるだろう。「させていただく」は授受表現に関する新しい
現象なのだろうか？　もしそうならば，「させていただく」以外にも授
受表現が関わる新しい現象があってもよさそうである。考えたら１つ思
いついた。最近，人に物を頼むとき，「……してもらって（も）いいで
すか？」のような言い方をよく耳にする。それを⑤として挙げておく。
併せて，以前の言い方を（←　　）の部分に記す。

　⑤［変化？］「……してもらってもよろしいですか／大丈夫ですか？」
　　　「こちらにお名前を書いていただいてもよろしいですか」
　　　（←「こちらにお名前をお書きください／こちらにお名前を書いて
　　　いただけますか？」「こちらにご署名をお願い（いた）します」）
　　　「これ総務の人に渡してもらってもいいですか？」
　　　（←「これ総務の人に渡していただけますか？／渡してください」）
　　　「おしゃべり止めてもらってもいいですか？」
　　　（←「おしゃべり止めてください」）

　以上のような作業を進めるうちに，いくつか気づいたことがあった。
それを［気づき］としてメモした。

⑥［気づき］

　従来使わなかったところで授受表現が使われる傾向があるのではないか？

　だとすれば「させていただく」だけの問題ではない可能性がないか？

⑦［気づき］

　「……させてください」から「……させていただく」への流れがあるのなら，人々の好みが「くださる」→「いただく」と変化しているのかもしれない。

⑧［気づき］

　「……いたす」は本来それ自体でへりくだりのはずだが，謙遜のニュアンスが"すり減って"いて，どこか尊大に感じられている可能性はないか？

　⑥のように，授受表現の使用範囲自体が広まっていると言えるのかもしれない。そうだとすると，「させていただく」だけでなく，授受表現の使用法に変化が生じている可能性があるだろう。（これはもう考察のレベルになってしまうが，）たとえば，従来敬語は人間関係の上下を表していればよかったのが，社会の秩序が上下よりも親疎などに移ってくるにつれて，人物間での"恩恵"的な関係を表現しないと何か物足りないという気分が出てきていることはないか？といったことが考えられる。

　⑦は興味深い。"相手がくれる"のか"自分がもらう"のかという違いが関わっているかもしれないとなると，「……してもらってもいいですか？」のような言い方も同様に問題視されることになろう。一応それは，"勝手にもらうな"という心理として説明することはできる──①

〜③のどれにも当てはまる。⑧は，筆者自身がすでにそうだが，「……いたします」だけで言われた場合，丁重にへりくだっているニュアンスよりも，宣言のようなどこか言い切りの強さを感じてしまう。ひとたびそう感じられてしまうと，何か別の敬語要素を付けないと不安になるという心理が出てくる。このように⑥〜⑧を考えてみると，「させていただく」は単純に「誤用」というよりも，何か広まる背景事情があったように思えてくる。

　繰り返しになるが，このレポート（論文）はまだ書き始められていない。**ここまで，問題意識を問いの形にし，"独りブレインストーミング"によって観点を整理してきた**だけである。しかし，読者ももうおわかりのように，ここまで観点が整理できた人は，このレポート（論文）の最後に出るであろう答えを，すでにかなりの程度予見できている。それほどに，**レポートや論文では，書き始めるまでが勝負**だと思ってほしい。実際に用例の調査などをするのは，自分の考えたような使い方が本当に使われているかを確かめたり，（できれば）どんな使い方が多く見られるか？といったことを知るためである。それを経て，上の**「気づき」の点を中心に，他の材料も補強しながら論じていくのが「考察」**である。

　この後，どのようにしてどのような結論に至るのか，関心を持ってもらえたら大変うれしい。たとえば，「くださる」と「いただく」の"勢力争い"という問題も関係してくるかもしれない。最近，「たくさんのお客様がご来場いただき……（→ご来場くださり）」のような文法的に誤りとされるような使い方をよく耳にする。ここでも「いただく」が顔を出してきて，とても興味深いといえる。残念だが，この本では，できるだけ多様な分野の例を通してアカデミック・ライティングをとらえてほしいと考えているので，この例を用いた説明はここまでとする。この後の展開を各自想像してほしい[4]。

---

[4]　この「させていただく」をテーマに放送大学で博士論文を書く人が現れた。その後多少手を入れて刊行されたのが，椎名（2021）である。

参照文献

梅棹忠夫（1969）『知的生産の技術』（岩波新書Ｆ93）　岩波書店

川喜田二郎（1967）『発想法』（中公新書136）　中央公論新社

川喜田二郎（1970）『続・発想法― KJ 法の展開と応用―』（中公新書210）　中央公
論新社

椎名美智（2021）『「させていただく」の語用論―人はなぜ使いたくなるのか―』ひ
つじ書房

6 | 学術情報と情報管理①：学術情報の入手

辰己丈夫

《目標＆ポイント》 研究に必要な情報を入手する方法と注意点を述べる。また，たとえば，原著論文，研究会報告，図書，新聞，テレビ動画，ゼミ資料，ネットでのつぶやきなどの違いを考察し，入手した情報の信憑性や信頼性について考える。
《キーワード》 情報検索，論文誌，図書館，信憑性

1．情報と活動

（1）情報リテラシー

　私たちが，情報を利用している活動を，やや細かく分類して考えてみると，以下の段階で記すことができる。

1) 情報を入手して，
2) 情報を評価し，
3) 加工したり，新しい情報を作り出して表現し，
4) 他者に伝える

　学術研究にかぎらず，日常生活においても，情報の利用は上記の各段階に当てはめることができることから，このような段階で分けて考えることは，比較的普遍性があり，情報リテラシーと呼ばれる。

　本来，「リテラル」とは「文字の」（形容詞），あるいは「文字」（名詞）のことであり，「リテラシー」とは識字，すなわち，文字の読み書きの

ことである。情報リテラシーとは，情報機器を利用した識字概念のこと
であると言ってもよい。

　近年，情報機器を活用した活動が増えてきた。特に，学術情報の多く
は文字・色・音などのデータで表現され，それらは，情報機器を利用す
ることで，様々な加工ができる。情報リテラシーとは，こういった様々
な情報を自在に入手し，評価，加工，表現し，そして他者に伝える能力
であると言える。

（2）情報源
　我々が日常生活において情報を入手する場合，どのような情報源があ
るだろうか。以下に，観点ごとに分けて，思いつくままに分類をしてみ
よう（すべてを列挙しているわけではない）。

■**流通規模**　情報の送り手と受け手の人数で分類すると，以下のように
　なるだろう。
- 1対1：他者との会話，手紙，電話，ネット電話，メール等
- 1対多：書籍，論文，テレビ，ラジオ，ネットのサイト等，授業，講演
- 多対多：会議・会合（近隣，学校，職場），SNS

■**加工程度**　その情報の発生から発信までの加工の程度で分けて考える
　こともできる。情報を編集すればするほど，元の情報から離れた内容
　になる。それが，物事の本質を見つけ出す行為（抽象，捨象）となる
　こともあれば，物事の本質を失う行為となることもある。
- 1次情報：受け手が直接に目で見たり，耳で聞いたりして得た情報
- 2次情報：1次情報を記録した媒体（紙や，デジタルデータ）があり，それを再生して得た情報

- 編集された情報：上記の情報を，情報発信において，（意識しているか，無意識かとは無関係に）編集された情報や，1次情報を得た人から聞いたり見せてもらった情報

■**信憑性**　その情報に対する他者の評価の程度で分けて考えることもできる。

- 情報発信者の著者の，根拠なく発言・公表・表現された情報
- 著者が誤りを修正した情報
- 他者に閲読や校閲，校正をしてもらった情報
- 専門家によって厳密に内容をチェックして制作された情報

信憑性の程度については，後述する。

■**鮮度**　その情報の鮮度で分けて考えることもできる。

- 対象となる事象が発生して，すぐの情報
- 事象の正しさが確保できる程度に時間が経過した後の情報
- 古すぎて，現時点で正しくない，あるいは正しさがわからない情報
- 歴史的な価値のある情報

■**わかりやすさ**　その情報を必要としている人が理解できる情報と，そうでない情報に分けることができる。

- 必要としている人が理解できない言語，理解できない数式，図式などを利用している情報
- 必要としている人だけが理解できる言語，理解できる数式，図式などを利用している情報
- それ以外の，多くの人に理解できる情報

受け手に前提知識を必要としない情報発信の際は，なるべくわかりやすい情報発信を行うべきであるが，一方で，正確さが必要な学術情報の場合は，前提知識を仮定して記述することになる。特に，数学や

物理学などの領域で，高度な学術分野の内容であれば，世界の数人し
か理解できないこともある。

■デジタル度　いわゆる情報技術（ICT）を利用したデジタルデータの
ものと，そうでないものに分けて考えることもできる。

- デジタル：電子メール，web（メッセンジャー，SNS），デジタ
ルメディア（Blu-ray/DVD/CD など），QR コード・バーコード
- 非デジタル：印刷されたもの，音そのもの，匂い，触感，味

ほかにも，いくつかの基準が想定できるが，学術情報の収集計画を作
成する際には，自分にとって必要な情報はどのような情報であるか，そ
の性質をあらかじめ把握しておくことが，その後の活動の質を高めるこ
とにつながる。

（3）流通規模と信憑性

多数の人を対象とした情報発信の多くは，校閲・校正の段階を経たも
のが多い。したがって，信憑性が比較的確保されていることが多いが，
一方で，多くの人にわかりやすく表現する都合上，正確さに欠ける表現
になっていることがある。

特に，数式を使う自然科学・医学・情報学・経済学・統計学では，読
者の理解を重視して，あえて数式を利用せずに表現された書籍なども少
なくない。

一般的な「読み物」として読むのなら，これでも全く構わないが，学
術研究を目的としている場合は，必要に応じて信憑性を確保できる流通
規模のものを選ぶ必要がある。たとえば，専門家同士の研究内容のコ
ミュニケーションは，後述する「論文」という媒体を利用する。論文は，
多くの人に読まれることを重視した書き方にするのではなく，その領域

の論文にふさわしい基準を満たすように書くことが求められ，それゆえ
に，信憑性を確保している。

2. 学術情報の種類と特徴

　私たちが，学術的な情報を入手するときには，その情報源が，どのよ
うなものであるかについて，認識しておく必要がある。ここでは，学術
情報の種類と，その特徴について述べる。

（1）領域によって異なる種類

　本節の後半では，いくつかの学術情報を種類に従って述べるが，これ
らの種類については，研究領域によって大きく異なることに注意してお
くべきである。

　これまでに述べたように，学術情報を，形態，加工度合い，鮮度など，
様々な観点で分類することができる。その分類は，後に述べる各領域が，
どのような点を学術的に重要とみなしているかと，密接に関連してい
る。

- 数学の領域での記述は，高度に複雑で再現性があること，すなわち，
  誰が計算しても，計算間違いがなければ同じ計算結果になることが
  絶対的な基準となる。情報学の数学に近い領域でも，同様である。
- 物理学・化学・地学も，計算間違いがないことについては同様であ
  るが，数学の場合は人間の思考を抽象的に表現した対象に根拠を置
  くのに対して，物理学・化学・地学の場合は実験結果に合うことが
  絶対的に必要であるため，数学とは異なる厳密さが求められる。
- 生物学や医学・薬学・スポーツ学などの場合は，物理学・化学・地
  学などと同様に，再現性がある科学的データ・理論に基づくことが
  要請されている。ただし，生物・人間の反応については，原子・金

属・分子・岩石・惑星などと違い，反応が一定的とならないことも
ある。
●心理学，教育学，経済学，経営学，法学，言語学などの場合は，人
間の行動についての学問領域であり，数学や物理学・化学・地学で
求められていた再現性ではなく，人の行動に関する再現性が求めら
れる。情報学の人間行動に近い領域でも，同様である。
●文学や歴史学などでは，書かれた作品や，発見された資料（史料）
を元に分析し，解釈を行い，対象の特徴を把握し，説明することで，
研究が進む。

（2）様々な情報源

　これまでに述べたことを前提として，ここでは，情報源となるものに
は，どのようなものがあるか，いくつかの例を挙げて考察する。

■ネットのつぶやき　「つぶやき」をした人が専門家・研究者でない場
合が多く，また，真実でないことを「つぶやく」こともあるため，一
般的[1]には，参考となる情報源として取り上げることはできない。だ
が，つぶやきを調べることで，参考となる情報源のありかを探し当て
ることができることもある。また，論文になるまでには一定の時間が
かかる（後述する）ことから，速報性を求められる学術情報に対して
は，「ネットのつぶやき」も，利用できることがある。

　なお，偽情報などには十分に注意する必要がある。

■（非学術的な）記事　雑誌，新聞，テレビのニュース番組，web に
出ている記事などが該当する。読者・視聴者の興味・関心を引くこと
が重要であるため，面白い表現，注目の（人を驚かせる）内容，わか
りやすい内容にすることが求められている。必ずしも，正しい内容ば
かりが掲載されているわけではないため，信憑性は低い。歴史的な史

1　「つぶやき」を研究対象にしている場合を除く。

料としては価値がある。

■（着想の）ノート，ゼミ資料　研究者が自らのノートやメモを公開することがある。それらは web で公開されたり，あるいは出版されることもある。

■書籍，テレビ動画　出版社の編集者によって，ある程度の閲読が行われた内容である。web に出ている読み物記事や，テレビのドキュメンタリー番組などにも，このようなものがある。上に述べた「記事」よりは，正確さを追求しているものがあるが，２次情報や加工された情報で構成されることから，作者や編集者の意図が内容に含まれる。歴史的な史料として価値がある。

■セミナー，レクチャー，教科書の記事　すでに，学術界においては，定説となっている内容，初学者が知っておくべき内容を伝える講演会，それらが書かれた書籍やネット記事である。

　「最新動向のセミナー・レクチャー」を除くと，新規性があることが書かれることは少ないが，その分野の常識的な研究手法などが，わかりやすく述べられていることがある。

■記録（公開されていないもの）　研究者自ら，あるいは研究協力者，知人等が作成する記録として，考えられるものとして，以下のものがある。

- 先行研究（論文，研究報告，書籍，教科書など）
- 人を対象とした調査研究の場合，研究計画，アンケート文面，回収したアンケート
- 自然科学の実験の場合，実験計画，データ
- 統計的分析やプログラムにより分析する場合のスクリプトやプログラム
- 研究活動における，倫理性の審査・許可

●その他，研究中に作成したメモ，計算（手書き），図，画像，写真，
動画，音声など

主に実験を伴う分野では，実験対象から得られたデータを正確に保
存することが必要となる。たとえば，実験材料の温度や電流量といっ
た物理的なデータ，アンケート結果などの人から得られたデータなど
である。これらは，ノートにメモされたり，私用あるいは組織用の
データベースに蓄積され，分析時には参照される。

アンケート活動を含む研究を行うときは，アンケート回答用紙も記
録として重要となる。

また，研究の再現性を主張するために，それらのデータを分析する
ときに用いるプログラムや，ソフトウェアの操作記録も保存される。
これらは，論文などを執筆する際には参照することになる。

■研究報告　名称が領域によって異なるが，本章では，「研究報告」を，
査読を経ずに，研究活動の概要や成果を公開したものとする。多くの
学会は，1年に1回は「年次大会」「年次総会」「全国大会」などの名
称で，学会員なら誰でも発表できる大会を開催している。学会によっ
ては，その内容は，特に事前に審査されることはないため，場合に
よっては正しくないことが書かれていることもある。一方で，学会に
よっては発表申し込みをした時点で審査・評価があり，採否が決まる
場合もある。また，年次大会以外にも，年に数回の，査読なしに発表
できる研究会を開催している学会も多い。中には，先に研究報告を行
わないと論文投稿を認めない学会もある。したがって，研究報告に掲
載された内容の評価は玉石混交と言える。

■学術雑誌の記事　学会の多くは，会員向けに学術雑誌を刊行している。
その内容は学会の会誌編集委員会の閲読・査読を得たものであるため，
先に述べた研究報告よりは信憑性が高い。発行頻度は年に1回の学会

もあれば，毎月発行している学会もある。

　学術雑誌の中には，１冊全体が記事のものもあれば，（後述する）論文をページの一部として含むものある。論文以外は査読を経ていない記事であるため，全体的な信憑性は論文に届かないが，それでも編集委員会の委員らによる閲読を経て公表された内容となるため，論文以外で比較すると信憑性が高い資料となる。

■論文（原著論文）　学術研究においては，論文とは，研究を進めるうえで基盤となる「論拠」が記された文章や図・写真などの総体である。また，精密な査読を経て，学術的に確かな資料として公開されるものである。研究領域によって，呼び名に相違がある。本章では，「精密な査読のあるもの」を論文と呼ぶ。

- 「査読のあるものを論文，査読のないものを報告」と呼んだり，「査読のあるものを原著論文，査読のないものを論文」と呼んだりすることがある。
- 「論文」のほかに，同様の査読を行う「トランザクション」「ノート」という分類を設けている論文誌もある。
- 研究会などの査読付き研究発表は，査読の厳密さによっては，論文と同等とみなされることがある。
- 大学などが機関として発行している「紀要」も，論文として認められることがある。

　原則として論文のみが掲載されている雑誌が論文誌である。研究資料として，非常に信頼性が高い。自ら論文を書き進めようとするなら，他者の論文を参考にし，必要に応じて引用をすることになる。

3. 論文（原著論文）を作成する

ここでは，研究資料としての論文を読みこなすために参考となること

を目的として，作成する立場での論文について述べる。本科目は，日本語でアカデミックな文章を書く能力を身に付けることを目標とするが，論文（原著論文）は，その中でも最も格が高いものであり，卒業論文を執筆する際にも参考になる。論文作成のプロセスを知ることは，論文を研究資料として利用する際の自信にもなるであろう。なお，論文作成等において，倫理的に注意すべき項目は，第15章で述べる。

（1）なぜ論文を作成するか

　論文を作成する動機を突き詰めると，それは，「自ら関わった学術の深化・発展を，論文として後世に残す」ためとなる。

　そして，学術領域で仕事をする大学教員は，定期的に論文を発表することが求められる。また，多くの大学院では，博士学位を授与する条件として，申請者が主著者（あるいは単独著者）である論文を，在学中に定められた本数，採録されることを条件としている。

　研究活動の具体的内容は，各領域によって異なるが，おおむね，「興味を持ち」「問いを立てて」「答えを探す」の３つを，その分野の専門家が納得できるように述べることを目標とすることになる[1]。

（2）論文作成のプロセス

　論文は，以下の手順（図6-1）で作成される[2,3,4]。

1)　まず，研究計画の作成を行う。

2)　次に，論文として発表できる研究かどうかを見極めるために，年次大会での発表や，査読なしの研究会発表を行うこともある（学会によっては，研究会発表をしたことがない場合は論文投稿を認めないところもある）。研究会では，同分野の研究者らからコメントや質問，共同研究の申し出などを受けることがある。

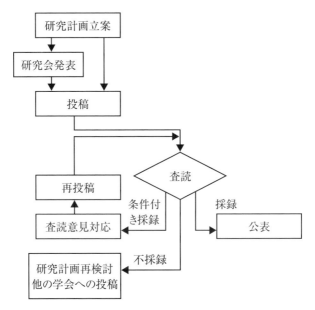

図6-1　論文作成のプロセス

3)　研究内容が十分に完成したら，論文として投稿する。通常は学会や
　　学術雑誌の出版社が論文誌を発行する。
4)　査読される。採録，条件付き採録，修正後再投稿，不採録に分かれ
　　る（学会によって，呼び方などに相違がある）。
5)　条件付き採録の場合は，条件を満たすように修正が求められる。通
　　常は，修正は1回のみであるが，学会によっては，名称や条件が異な
　　り，条件を満たしたかどうかだけを確認したり，改めて査読をやりな
　　おしたりする。また，2回以上の書き直しを認めていることもある。
　　修正後，再査読される。
6)　採録となれば，出版社から公表される。
7)　最終的に不採録となれば，研究計画を作り直すか，他の学会などに

投稿することを検討する。

（3）論文の評価観点

　文章が「論文」として認められるには，評価観点において一定の水準に到達することが求められる。では，その評価観点とはどのようなものであろうか。それは，研究領域によって大きく異なる。そこで，本節では，これらの評価観点を網羅的に述べる。すなわち，ある研究領域では必要でも，他の研究領域では不要な観点もある。

■**倫理性**　詳しくは，本書，第15章で述べるが，その研究の目的や手法が，倫理的に問題がないかどうかを評価する。倫理性の確保は，ほぼすべての研究において絶対的に必要となる。

■**新規性**　過去に，同じ内容の研究成果を他人が発表していないことである。

■**信頼性・正確性**　研究資料の分析の方法に誤りがないことである。十分に先行研究を調査・評価しているか，正しくデータを入手し，正しい方法で処理していることが必要となる。言い換えるなら，計算間違いや，適用すべきモデルの間違い，誤った資料を利用した場合は，この点で評価を落とす。

■**網羅性**　研究の際に行われた調査や分析が，必要な対象を網羅しているかどうかを評価する。信頼性の一部として考えてもよい。

■**了解性**　文章が，必要な程度にわかりやすく書かれているかどうかという観点である。対象が複雑な領域であれば，わかりやすさを優先して正確さを欠くことは許されないが，一方で，正確にわかりやすく記述できるのに，それをあえてわかりやすく書いていない場合は，この点での評価が落ちる。

■**発展性**　研究で得られた成果が，他の研究に広がるかどうかを評価す

る。発展性がある研究は，次々と，新たな研究を生み出すことになる。

■有用性・有効性・重要性・実用性　研究で得られた成果が，研究以外の実用に役立つかどうかを評価する。工学や医学では，基礎研究と同様に応用を重視するため，重要な観点である。

（4）論文の査読内容

投稿された研究成果を論文として公表するには，上に述べた評価観点が満たされているかを，査読によって確認することが必要となる。査読の内容は領域によって，大きく異なる。

たとえば，数学や理論物理学では再計算や場合分けのチェックが行われる。一方で，生物学や動物学など，対象が人間や生物の場合は，再実験を行っても全く同じ結果にならないため，統計的分析を利用して再現性を評価する。物理や化学，基礎医学などでは追実験をすることもあり，その際に統計的分析を用いることがある。

心理学，教育学，経済学，経営学，法学，言語学では，対象が人間であることから，個々の理論を前提としつつも，統計的分析や人間の行動分析の重要性がさらに増す。

文学や歴史学の場合は，統計的な分析のチェックを必要としないものが多いが，その場合は，その領域での正しい「モノの見方」に合致しているか，あるいは，新規性があるかをチェックされる。

（5）論文の査読方法

代表的な査読方法について述べる。

■閲読　編集担当者が，対象となっている文章を読み，必要なコメントを付記して返却する。対象となる文章は，著者名などが記載されたままである。本章では，編集担当者の名前が公表されている場合に，こ

れを閲読と呼ぶことにする。閲読は，査読の中では最も「ゆるい」ものであり，研究領域によっては査読とは認めない，とすることがある。

　なお，招待論文のように，ある程度実績がある研究者（著者自ら，他の論文の査読を数多く担当しているなど）が論文の体裁で執筆した場合，閲読を経て，「招待論文」として公表されることがある。

■シングル・ブラインド　閲読と異なり，査読者（審査を行う者）の名前などは，投稿者には秘密にされ，誰に審査されるのかがわからない。査読者は，著者に自らの名前が知られないことが前提となっているので，閲読よりも厳しい判定を行うことができる。中立性の観点から，投稿者と利害関係が希薄な専門家を査読者に選ぶ。

■ダブル・ブラインド　投稿者は自分の情報がわからないように加工したものを投稿する。たとえば，著者名の部分や，参考文献リストなどに加工（工夫）を必要とする。その結果，査読者は投稿者を知らずに査読を行うことになるので，公平性が高くなる。一方で，ダブル・ブラインドを厳格に適用すれば，投稿者の予備調査や，前提論文などが含まれるべき部分も削除されてしまうため，信頼性や有用性，新規性の評価を行うことが困難となる場合がある。

（6）査読者

　一般的に，査読者は次の基準で選定される。

● その領域の専門知識・理解力を有する。

● 投稿者と利害関係がない（利益相反がない）。

● 掲載誌の編集方針を理解し，協力できる。

　通常は，論文誌を発行している学会や出版社に組織された論文誌編集委員会が，投稿された論文ごとに査読者を選定する。先述の「シングル・ブラインド」や「ダブル・ブラインド」での査読を行うためには，

論文誌編集委員会は，多くの査読候補者とつながっている必要がある。

（7）論文に関わる費用

　論文誌は，多くの場合，学会や，学術性が高い出版社が発行する。後述の査読作業や，発行作業に必要となる経費は高額である。

　そこで，投稿者に対して，投稿料（査読に着手するための費用），査読料（査読を行うための費用），掲載料（採録されたものを広く見せられるように発行する費用）などの支払いを求めることがある。

　一部の論文誌では，購読費用も高額である。だが，近年は，「オープンソース・オープンライセンス」の考え方に似せて，「学術研究の成果は，広く社会で無料で活用されるべきである」という考え方に基づき，購読料金を引き下げたり無料化している論文誌も増えてきた。こういう論文誌では，経費は，投稿料・査読料・掲載料から捻出される。

《コラム：正しいが，読みにくい論文の査読》

　論文は信憑性・正確性が重要であり，専門家でない人への読みやすさは重視されない。そのため，専門家は，非専門家のために教科書などを執筆して，学術界の未来に寄与することになる。

　ところで，正確性を重視した論文は，前提となる知識も膨大で，かつ，記述が難解なため，査読に多くの時間がかかることがある。

　たとえば，数学の志村・谷山予想は，1955年に谷山豊が予想し，それを引き継いだ志村五郎が1960年代に定式化したものである。1984年にはヴェイユによって，この予想の解決が，「フェルマの大定理」の証明を導くことができることが示された。たとえば，$3^2+4^2=5^2$は三平方の定理，あるいはピタゴラスの定理と呼ばれて知られている。一方，「$a^n+b^n=c^n$ が成り立つ自然数 a, b, c, n は，n＝2

のときしか存在しない」という定理がフェルマの大定理である。これは，17世紀の数学者フェルマが定理としてメモをしたが証明を書かずに亡くなったため後世に残され，数学の偉大な未解決問題とされていた。最終的に，志村・谷山予想を解決したのは，イギリスの数学者，アンドリュー・ワイルズである。ワイルズは，1993年6月23日に志村・谷山予想の解決を発表し，その後，その内容を論文として投稿した。論文誌編集委員会では，ワイルズのアイディアを理解できる世界でわずか数人の数学者に査読を依頼をした。その結果，理論にギャップがあることが指摘されていったん差し戻しとなった。だが，ワイルズは，そのギャップを埋めた論文を再投稿し，最終版は1995年になってようやく掲載された。

　世界でまだ，誰も示したことがない内容を示す論文を査読するのは，そのことを理解できる専門家でなければいけない。その論文は，わかりやすいものであることよりも，正しいことであることが求められるのである。

参照文献

［1］　金森由博＠筑波大学．論文執筆のためのチェックリスト（第1.42版2020/12/5，初版　2009/12/26）．http://kanamori.cs.tsukuba.ac.jp/docs/writing_paper_checklist.pdf（2021/10/15閲覧）．

［2］　中山泰一．論文とは何か（論文必勝法）．情報処理，Vol. 60，No. 9，pp. 895-896，aug 2019.

［3］　松島裕康．論文必勝法：採否判定結果が届いたら―査読結果に対する次のアクション―．情報処理，Vol. 60，No. 11，pp. 1110-1114，oct 2019.

［4］　酒井聡樹．これから論文を書く若者のために　究極の大改訂版．共立出版，2015．ISBN978-4-320-00595-2.

7 | 学術情報と情報管理②：
  リファレンス作成法

辰己丈夫

《目標＆ポイント》　入手した情報を，自らの研究，特に論文執筆において，どのように活用するかを考える。また，研究分野や学会ごとに異なる参考文献リストの表記方法を紹介する。さらに，リファレンス作成のためのデータベース作成方法について考察する。
《キーワード》　文献，データベース

1.　リファレンスとは何か

　前章で述べたとおり，論文を執筆する際には学問領域によって異なるが，おおむね，「興味を持ち」「問いを立てて」「答えを探す」の3つを，その分野の専門家が納得できるように述べることを目標とすることになる。だが，研究論文として価値を認められるためには，その研究が信頼できる根拠に基づくこと，そして，他者が見付けていない「問い」「答え」を示していることが求められる。

　そこで必要となるのが，リファレンスである。日本語では，「参考資料」「参考文献」「文献」などの名称で，論文の最後に示される。

　本章では，主に図書館と web を利用した参考文献の入手について述べ，その後，デジタルでの学術情報の取り扱いについて述べる。

2. 図書館の利用

　放送大学附属図書館では，主に学部生向けの「リブナビ」[1]（図 7 - 1 ）と，主に大学院生向けの「リブナビプラス」[2]（図 7 - 2 ）の 2 つの資料を提供している。

　ここでは，リブナビの目次を紹介しながら，どのようなことができるのかについて述べる。

■資料を探す

　まず，放送大学 OPAC の利用方法について説明がある。OPAC とは，Online Public Access Catalog の略称で，図書館が所蔵する図書目録を利用者に開放したシステムであり，多くの公共図書館・大学図書館で提供されている。

左　図 7 - 1　リブナビ　図書館使いこなしガイド
右　図 7 - 2　リブナビプラス　院生のための学術情報探し方ガイド

図7-3　放送大学附属図書館 web サイト

　放送大学 OPAC を利用するには，まず，放送大学附属図書館の web サイトに接続する。

https://lib.ouj.ac.jp/

　トップページの目立つところに，放送大学 OPAC 検索用の検索文字列入力欄がある。

　この検索文字列に，著者名や書名の一部を入力する。たとえば「バートランド・ラッセル」を著者名・書名に含む蔵書一覧（図7-4）や，「教育社会学」を書名の一部分に含む蔵書一覧（図7-5）などが表示される。

図7-4　検索語「バートランド・ラッセル」の例

図7-5　検索語「教育社会学」の例

　このあと，OPACの検索結果一覧の読み方と，この一覧に表示され
た資料を，実際に閲覧するための方法を具体的に示している。学習セン

ターに取り寄せる方法，一般図書を自宅に取り寄せる方法，他大学の蔵書を検索して閲覧する方法などが記述されている。

■電子資料を利用する

　最近は，電子ブック・電子書籍の発行が増えてきた。また，学術雑誌の論文や新聞記事を資料とすることもある。これらを，附属図書館や学習センター内のパソコン，自宅のパソコンからこれらの資料を閲覧する方法について述べている。

■図書館ホームページを利用する

　最後に，これまでに説明したこと以外の，「図書館ホームページ」（放送大学附属図書館 web サイト）で得られる，様々な情報について紹介している。

3. リファレンスの作成

　論文の最後には，「参考資料」「参考文献」「文献」などの書籍や論文の一覧がある。本章では，英文での論文執筆のことを意識して，これを，リファレンスと呼ぶ。

（1）リファレンスはなぜ必要か

　論文などを執筆する際には，参考となる先人の研究成果を参照することになる。

　それは，研究の目的をはっきりさせるために動機を述べるためでもあり，新規性を示すために過去の研究を網羅するためでもあり，過去に用いられた手法を利用する際に信頼性を確保するためでもある。また，サーベイ（調査）論文では，どのようなリファレンスを集めたかが，研究内容の価値そのものとなる。

　言い換えるなら，リファレンスがない研究は，研究目的が不明とされ

たり，新規性や信頼性を欠くと評価される可能性が高い。

　また，リファレンスがあることで，論文の読者は，その内容の確実さを検証することができる。もし，論文の内容に疑念を持った場合は，リファレンスも含めて調査したり，追試験・追実験を行うこともできる。さらに，論文を読んだ後，読者が自らの研究を進めるために，その論文のリファレンスに掲載されている論文を参照することもできる。

　ところで，ある論文が，他者の論文のリファレンスに掲載された回数を，その論文の「被引用回数」「被参照回数」という。これが多い論文は，その研究分野でよく参照される論文であり，多くの場合は，優れた研究成果が書かれた論文である。

（2）リファレンスの書き方（一例）

　リファレンスの書き方には，研究領域ごとに異なるしきたりがあるが，ここでは非常に簡単に，1 つの例（理科系の論文に多い書き方）として，後述の IEEE スタイルに沿った書き方を述べる。その後，他の領域での例についても述べる。

　（これから書こうとする）論文の著者は，「スマートフォンの契約をするときに，パケット数に応じて値段が変わるが，このパケットという言葉が，いつ使われ始めたのかを調べ，それを論文の一部に示すことにした」とする。

　そこで，様々な方法を用いて，次の文献で，その語源を発見した。

著者　浜野保樹
書名　極端に短いインターネットの歴史[3]
出版社　晶文社
発行年　1997
ISBN　4-7949-6330-0

参照したいページ，行の位置　121ページ１行目

参照したい内容　翌年の春，ディヴィスは，データを短いブロックにすることを「パケット（小包）」と呼び，パケットで送るアイディアについて講演した。

　この記述の直前，120ページには，ディヴィス氏のフルネーム，「翌年」とはいつのことかも記されていた。

　このとき，次の記述によって，リファレンスを示すことができる。

> 　現在，スマートフォンの契約をするときに，パケット数に応じて値段が変わる。この「パケット」という言葉は，1966年に，イギリス国立物理学研究所のドナルド・ワッツ・デイヴィスによって名付けられた[3]。

　そして，論文の最後のリファレンスには，ページ範囲を示す pp. を利用して，次のように示す。

> **参考文献**
> [1]　久野靖，UNIX による計算機科学入門，丸善，1998，ISBN 4-621-04373-0
> [2]　ピータ・H・サルス，UNIX の1/4世紀，アスキー，2000，ISBN4-7561-3659-1
> [3]　浜野保樹，極端に短いインターネットの歴史，pp.120-121，晶文社，1997，ISBN4-7949-6330-0

　上記に現れる [3] は，論文の最後に現れるリファレンス（この場合

は「参考文献」）の掲載順であり，その［3］は，それを参照する本文にも現れる。もし，これがリファレンスの2番目ならば，ここは［2］と記されることになる。

（3）領域ごとに異なるリファレンスの書き方

　前節では，筆者（辰己）が関わっている情報学での論文や書籍執筆の際に，よく使われる IEEE スタイルを採用して示した。ほかにも，様々な示し方があるが，現在よく用いられているのは，以下のとおり，アメリカの学会等のスタイルや，それを元に作られたスタイルが多い。どのスタイルを利用するかは，それぞれの論文誌等の規程に従うことになる。北海道大学の「アカデミックスキルガイド」［4］に，わかりやすく書かれている。

APA スタイル　　アメリカ心理学会[5]
MLA スタイル　　アメリカ現代言語協会[6]
IEEE スタイル　　アメリカ電気・電子技術者協会[7]
NLM スタイル　　アメリカ国立医学図書館[8]
ACS スタイル　　アメリカ化学会[9]
シカゴスタイル　シカゴ大学出版会[10]
SIST 02　　　　　日本の科学技術振興機構（JST）[11]

■リファレンスの順序
　●バンクーバー方式　本文中で引用・参照される順番に，［1］，［2］，と付番し，それを論文の最後に掲載する書き方（先程の例）。IEEE スタイルも，この順番になる。
　●ハーバード方式　リファレンスには，著者名を一定の順序（たとえ

ば，アルファベット順や，五十音順）で並べ，同じ著者であれば古
いものを先に挙げる書き方。他に，APA スタイルもこれに該当す
る。

- ●シカゴスタイルの一部　各ページの脚注に，そのページで参照する
リファレンスを記す。

■ MLA での例

　ここでは，先述の例を，MLA で記してみる。なお，MLA は，ハー
バード方式（著者氏名順）である。

1966年に，イギリス国立物理学研究所のドナルド・ワッツ・デイ
ヴィスによって名付けられた（浜野，1997）。

参考文献
浜野，"極端に短いインターネットの歴史"，晶文社（1997），120-
121，ISBN4-7949-6330-0

■参照時の補助文字

　先の例では，[1] のように括弧を利用して参照したが，学会・論文誌
によっては，これを(1)や，1）などの丸括弧を用いたり，*1のように，
アスタリスクを前置したり，†1のようにダガー[1]と呼ばれる記号を付け
ることもある。

（4）リファレンスの検索

　学術文献を検索するには，いくつかの方法がある。

1)　すでに述べた図書館の OPAC を用いる方法

1　記号†は，剣の象徴でもあり，また，十字架と似ていることから，故人の著者
　名に付けることもある。

2)　通常の web 検索を用いる方法

3)　SNS のつぶやきを検索する方法

4)　Google Scholar を用いる方法

　通常の web 検索のよいところは，様々な情報源を調べることができることである。また，SNS のつぶやきは，情報源の中でも速報性に優れており，事件・事故などの 1 次情報を入手する際には，参照すべきである。ただし，これらの情報は，過失で誤っている情報，意図的に誤っている情報，記述が不十分な情報などが玉石混交になっており，入手した情報を吟味しないと利用できないことが多い。

　一方で，図書館の OPAC で検索できる情報は，出版されたものであるので，相対的に見ると SNS よりは信憑性を期待できる。

　また，Google Scholar[2]は，論文や，後述する学術リポジトリなどに対象を絞った検索サイトである。

（5）リファレンスのデータ項目

　これまで述べてきたように，論文で文献を参照するリファレンスには，多様な書き方があり，各学会・出版社などで書式として定められている。同一の領域であっても，学会や出版社が異なると，小さな点で異なることもある。1 つの論文誌にしか投稿しないのであれば，1 つのスタイルに習熟すればいいが，複数の学会などに投稿する可能性がある場合は，複数のスタイルのことを考慮して，リファレンスに必要なデータを収集しておく必要がある。

　ここでは，LaTeX という組版システムの文献処理系である BibTeX のデータ項目リストのうち，主なものを紹介する。

author　著者名。複数の場合には，著者名を「and」で区切る。

title　題名

2　https://scholar.google.com/

journal　学術雑誌などの雑誌名

address　出版社所在地

publisher　出版社名

institution　出版社とは別に出版に関わった機関（大学の研究所名など）

organization　会議報告書の場合，その会議の主催者

series　書籍のシリーズ名

booktitle　書籍の題名（書籍の一部を参照するとき）

chapter　章番号

edition　版番号（「第2版」「改訂2版」など）

editor　編集者・編集著者の名前

volume　雑誌または書籍の巻数

number　雑誌・テクニカルレポートの号数

year　出版年

month　出版月

pages　ページ番号（複数の場合は120-121など）

school　学位論文提出大学名

type　報告種別（「紀要」など）

url　WWW 上の URL

note　注記

　論文執筆時に利用できる可能性がある文献・資料を入手したときは，後で利用することが確定していなくても，これらのデータを何らかの方法で取得しておくべきである。

（6）学術機関リポジトリと文献データベース管理システム

　たとえば，アメリカのノーベル文学賞作家，トニ・モリスン氏のことを書き記した論文を，Google Scholar を利用して検索すると，学術機関

図7-6　トニ・モリスン著『ビラヴド』：崇高なる母性〈書評〉
出所：文化学園リポジトリ

リポジトリである文化学園リポジトリに掲載されている，文化学園大学
の紀要が検索結果の上位に出力された（図7-6）。

　学術機関リポジトリとは，大学等が運営する web サイトであって，
所属する教員や大学院生が執筆した論文・著書などの最終稿などを，出
版社・学会などの同意のもとに公開している。現在，日本では放送大学
を含む多くの大学が，国立情報学研究所に学術機関リポジトリの運営を
委託している。この文化学園リポジトリも，その1つである。

　このページの下の方には，文献 PDF のアイコンと，その右下に並ん
でいるボタンの左から2つ目の BibTEX というボタンを押すと，次の
表示を得る。

```
@article{weko_645_1, author = " 荒井 , 健二郎 ",
title = " トニ・モリスン著『ビラヴド』：崇高なる母性＜書評＞",
journal = " 文化女子大学紀要．人文・社会科学研究 ",
year = "1995",
volume = "",
number = "3",
pages = "233--235",
month = "jan"
}
```

これが，この文献の書誌情報となる。

また，このページの下方には，書誌情報が並んでいるので，活用するとよい。

（7）リファレンス書誌情報の管理

上記のようにして入手したリファレンスの書誌情報は，実際に論文を執筆するときに利用することになる。ここでは，3つの方法を紹介する。

■専用アプリ・クラウドサービス　文献管理専用のアプリや，クラウドサービスを使う。いずれも，出力結果を自分の論文の参考文献リストに転記して使う。無料のもの，有料のものなど，各種ある。また，Google Scholar からのデータ取り込みなども，簡易にできるように工夫されている。

- EndNote Basic
- Mendeley
- RefWorks

■**表計算ソフト／スプレッドシート**　Excel や Google スプレッドシートを利用して，文献データを管理する方法である。管理方針が自己流になるため，新しいアプリの使い方を覚える必要がない代わりに，自分でデータスキーム（データ項目）を作る必要がある。

■ **BibTEX**　本書第12章でも触れられている，LATEX を利用して論文を作成するときに効果的な，文献リストから LATEX 用のファイルを作成するアプリケーションである。筆者も，本稿ではこれを利用している。

4. 媒体（メディア）

ここでは，論文などを執筆する際のコンピュータを利用した情報処理の際に使用する記憶媒体（メディア）について述べる。

（1）媒体（メディア）とは

紙の場合は，1900年代後半に多用された酸性紙は劣化が速く，そのため，情報の欠落が危惧される状況になっている。アナログレコードや，アナログテープは，ビニールなどに記録する方法であるため，経年変化に弱い。

木を利用する場合は，湿度や温度の条件がよい場合は，文字を長く保存することができる。

これらに対して，石の場合は，経年変化に非常に強い。例えば，ロゼッタストーン（図7-7）のように，数千年前の情報を保持することもできる。

現在，私たちはデジタル化された情報を取り扱うことが多い。代表的なデジタル情報の保存メディアには，次のものがある[3]。

---

[3]　以前は，フロッピーディスクも利用されていたが，2022年時点では，フロッピーディスクドライブも，メディアも，新品では入手困難な状況になっている。

図7-7　石に刻んだ情報の例（ロゼッタストーン）
（出典：ウィキメディア・コモンズ）

（2）USB メモリ・SD メモリカード・スマートフォン

ノート・メモと同様の考え方で利用できるので，機器の取り扱いに慣れていない人でも，扱いやすい。

USB メモリも，SD メモリカードも，軽くて持ち運びが簡単なため，広く用いられている（図7-8）。スマートフォンも，記憶媒体として取り扱うことができる。

扱い方の注意点は以下のとおりである。

● 記憶容量は，GB という単位で表されている。スマートフォンの写真1枚が，3 MB（= 0.003GB）とするならば，写真333枚で1 GBとなる。64GB の USB メモリでは，大量の写真を格納することができるが，一方で，動画の場合は，1秒で1 MB 程度，1分にすると60MB のデータ量[4]を必要とする。音声も多量のデータ量を必要とする。

4　ここでは，MOV 形式で概算したが，画質により大きく変化する。

図 7 - 8　可搬型記憶媒体（左：micro SD カード，右：USB メモリ）

- 小型で軽量のため，紛失の危険がある。紛失した場合は，大事な
データを失うばかりではない。もし，媒体に個人情報が保存されて
いた場合は，流出の可能性がある。重要な情報を保存した媒体は，
原則として持ち歩かない方がよい。
　もし，持ち歩くことになった場合は，重要な情報（個人情報など）
に，長いパスワード（15文字以上）を設定した ZIP ファイル暗号
化を施しておく。
- 寿命は，意外にも短い。USB メモリも SD メモリカードも，機械
的に動作音は発生しないため，「いきなり」読めなくなる。
　DVD などでは薄いアルミが，ハードディスクでは磁気を帯びた金
属が利用されている。これらの耐久性は比較的高いと言われている
が，まだ，登場してから数十年しか経過していないため，未知数で
ある。

　1つの媒体に全てのデータを保存してしまうと，その媒体が壊れたり，
その媒体を紛失したときに，データ遺失・漏えいなどの危機に陥ってし
まう。そこで，危機管理としては次の対策を実行しておくべきである。

1) 紛失しないように，できるだけ持ち歩かない。持ち歩くときは財布に入れたりして，厳重に管理する。
2) 紛失したり寿命が来たときのために，ひんぱんにバックアップを作成しておく。

（3）パソコン本体の記憶装置

　パソコン本体には，通常，SSD やハードディスクといった大容量の記憶装置が付いてる。また，一部のパソコンでは，DVD ドライブや CD ドライブなどの，ディスクドライブが付いていることが多い。本体に保存されることから，紙にメモをするのと同様の使い勝手である。

　ノートパソコンと，デスクトップパソコンの外付け SSD，外付けハードディスクなどは，持ち運びが簡単なことから，注意すべき点は，USB メモリなどとほぼ同じである。

（4）ネットワークを利用した保存

　自身が使用しているパソコンやスマートフォンの内部ではなく，ネットワークで接続した先にある記憶サービスを利用する方法である。クラウド・ストレージ[5] と NAS（ネットワーク・ドライブ）[6]が知られている。これらの方式の特徴を以下に述べる。

- サービス利用時は，ID とパスワードを用いて接続することから，パソコン等を買い替えても，データの移行が簡単になる。複数のパソコンから同じファイルを編集できる。
- つねにネットワークに接続した状態で利用する。クラウド・ストレージの場合は，通信費用が発生する。
- 必要に応じて他人とデータ・ファイルを共有することが，簡単にで

5　クラウド・ストレージ：インターネットに接続された，遠方の専門業者のサービス。

6　NAS：Network Attached Storage：自宅や事務所内部のネットワークにつながっている，データ保存の機械。

図7-9　クラウド・ストレージを活用したパソコン

きる。

●落として壊したり，紛失する危険はない。一方で，設定ミスで世界
　中から見られるようになっていたり，専門業者のミスでデータが見
　えてしまう可能性も否定できない。

　近年は，利用者データのすべてをクラウド・ストレージに保存させる
方式のパソコン（図7-9）も登場している。本体の記憶容量は非常に
小さいが，十分にいろいろな処理を行うことができる。ただし，ネット
ワークに接続していないときは，ほとんど利用できないのが短所であ
る。

5. 文字情報のデジタルでの取り扱い

（1）文字データは文字コードに対応しているか？

　論文を作成するために，様々な文献を入手するが，ここでは，「文字
データは文字コードに対応しているか？」という，重要な問題を考える。
　最初から文字コードになっていれば，加工は簡単である。だが，印刷
された紙面をスキャナで撮影したものの場合，画像となっている文字か

ら，文字コードへ変換する必要がある。通常は，OCR（光学文字認識）装置を利用するが，画像が不鮮明だったり，見た目がよく似ている文字が他にある場合は，誤認識率が高くなる。

　このことを理解するため，文字の形は，どのように保存されているかを考える。実は，文字をデジタルデータで保存するには，いくつかの方法がある。また，文字をアナログで保存する方法もある。

■デジタルの場合(1)：**文字番号**　文字を，文字番号として保存する方法である。たとえば，ISO-646という工業規格では，英語の A の文字番号は65番である。同様にして，世界中の文字に対して，多くの国や国際機関が文字番号を付与している。たとえば「学」は，日本国が定めた JIS X0208という文字コードの規格で，十六進表記で3358番である。また，ロシア語で使われるキリル文字の「Я」は，Unicode と呼ばれる文字コードの規格で，十六進表記で「U＋043F」である。

　文字番号ではグリフ（字形）[7]の違いを記録することはできないが，著名なフォント（例として，明朝体，ゴシック体，Times Roman, Courier, Italic, Comic Sans など）であれば，フォントごとの文字の字形はデジタルデータになっているので，文字番号とフォント名の組み合わせで記録することができる。

　なお，文字番号が付与されていない文字を記録することはできない。

■デジタルの場合(2)：**字形の画像**　デジタルの，もう一つの方法は，視覚情報であるグリフ（字形）を，写真に撮影したり，ファクシミリなどで伝える方法である。この場合，どんな言語の文字であっても，道具を入れ替える必要はない。どんな時代の文字も，どんな筆跡の文字も，この方法で記録することができる。ただし，デメリットもある

7　同じデザイン方針で作られたグリフの集合を，「フォント」という。たとえば，明朝体フォントとは，明朝体らしいデザイン（セリフ）で作られた字形（グリフ）を集めたものである。

（後述する）。

■アナログの場合　文字をアナログで保存する，紙，画材（キャンバス），路上の砂，壁などに文字を記録して，それをそのまま保存する方法のことである。

　昨今は，紙を利用する記録・保存は減ってきているように見えるが，それでも，日常生活では紙は多用されており，学術研究の世界でも，紙を利用した出版は，今後，数十年は継続すると思われる。

（2）文字番号と文字画像の比較

　上で，文字を文字番号で保存する方法と，文字画像で保存する方法の2つを述べた。これらの違いについて考察する。

　たとえば，縦横12マスずつ（144マス）を4文字分で，合計576マスを白か黒に塗ることで文字の形を表現する，ビットマップという方法を考えてみよう。もし，文字のすべてがビットマップ方式で保存されていた場合，その中に「放送大学」という文字列があるかどうかを調べるプログラムは，簡単ではない。一方で，あるデジタルデータの文章に「放」の文字があるかどうかを調べるのなら，その文章の中に，「放」の文字番号19068があるかどうかを調べればよい。これは，実際には非常に簡

図7-10　ビットマップで表した「放送大学」

単にできる。残りの3文字も同様である。

　また，ビットマップの場合は576ビットのデータ量が必要であったが，文字コードの場合は，1文字16ビットなので，わずか64ビットのデータ量で保存することができる。よって，ある文字や文字列が含まれるかは，文字コードを利用したデータになっていると，非常に都合がよい。

　このように，文字の画像を解釈して，文字コードに置き換えるには，OCR（光学文字認識）ソフトウェアが知られている。（古くから，郵便局で，郵便番号の読み取りに使われている。）OCR の文字読み取り精度は，商品にもよるが，80％から99％程度である。近年，人工知能技術を援用した OCR は，非常に精度がよく，誤判定しないものも登場し始めている。やがて，広く普及することになるが，それまでの間は，精度が低い OCR を使う必要がある。

（3） 文字データの取り扱い方式の比較

　表7-1で，文字データの取り扱いについて，デジタル方式とアナログ方式の比較をしてみよう。

　デジタルデータの特徴として，複製を作る場合の劣化が少ないことが挙げられる。特に，文字や数値データは，最初から離散的（散らばった）

表7-1　デジタルとアナログの比較

方式	デジタル	アナログ
再利用	比較的容易	紙ならコピー機・印刷機 磁気テープやレコード板，石板のコピーは簡単ではない
保存	そのまま長く保存できる	媒体の変化に依存する
通信	そのまま通信できる	郵便や運送業者に依頼する

な情報であることから，デジタルデータにして保存したり加工したりすることのメリットは大きい。

　一方で，書籍の文字・活字や，印刷に用いられている紙が研究対象である場合は，記載されている文のデジタルデータだけでは，研究を行うことはできない。また，現時点では，匂い・触覚・味覚の場合は，デジタルデータとして取り扱うのは不完全であるが，一方で非デジタルデータとして記録することも，あまりできてない。たとえば，色を表現するのは光の三原色を前提としたデジタル化で，ほとんどの場合は用が済んでいるが，味や匂いには「三原色」と同じような表現の方法が確立していない。

　また，デジタル技術が利用される前の文字は，（ほぼ）すべて，アナログ方式，すなわち紙・石板などに記録されていた。情報が媒体に直接書き込まれるため，情報の寿命は媒体の寿命に依存していた。

（4）音声自動認識入力

　近年の情報技術の発展によって，洗練され，普及しているのが，音声自動入力である。

　これは，マイクロホンから入力した「声」をもとに，システムが自動的に文字起こしをして，文字データ（テキストデータ）に変換をする仕組みである。

　従来から，英語に代表される文字種が少ない言語の音声自動認識入力は，実用的に利用されてきたが，2020年頃から，日本語の音声自動認識入力の性能も向上してきている。特に，音声から漢字かな混じりの文章への変換精度（正解になる比率）が，人工知能を使うことで著しく向上した。

128

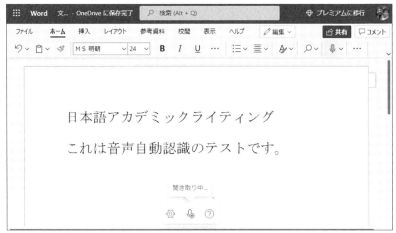

図7-11　音声自動認識入力

参照文献

[1]　リブナビ　図書館使いこなしガイド．放送大学附属図書館，2020.

[2]　リブナビプラス　院生のための学術情報探し方ガイド．放送大学附属図書館，2020.

[3]　浜野保樹．極端に短いインターネットの歴史．晶文社，1997. ISBN4-7949-6330-0.

[4]　アカデミックスキルガイド．Vol. 1.1, 2021. https://www.lib.hokudai.ac.jp/uploads/2021/07/5-02_v1.1.pdf（2021.10.15閲覧）.

[5]　Mastering apa style: Student's workbook and training guide. 2009. https://apastyle.apa.org/（2021.10.15閲覧）.

[6]　The mla style center. https://style.mla.org/works-cited/citations-by-format/（2021.10.15閲覧）.

[7]　IEEE editorial style manual. https://journals.ieeeauthorcenter.ieee.org/your-role-in-article-production/ieee-editorial-style-manual/（2021.10.15閲覧）.

[8]　MD USA National Library of Medicine, Bethesda. National library of medicine – citing medicine. https://www.ncbi.nlm.nih.gov/books/NBK7256/（2021.10.15閲覧）.

[9]　アン・M・コグヒル，ローリン・R・ガーソン編．中山裕木子訳．Acs スタイルガイド：アメリカ化学会　論文作成の手引き．講談社，2019. ISBN4-0651-1502-7.

[10]　The chicago manual of style online. https://www.chicagomanualofstyle.org/home.html（2021.10.15閲覧）.

[11]　科学技術振興機構．科学技術情報流通技術基準　参照文献の書き方．2007. https://jipsti.jst.go.jp/sist/handbook/sist02_2007/main.htm（2021.10.15閲覧）.

8 | 調査法とデータ①：
論拠としての調査

森津太子

《目標＆ポイント》　論文の読み手を納得させるには，論を支える客観的な証拠が欠かせない。ここでは，調査をリサーチの総称として広く定義し，自身でデータを収集する際によく用いられる調査法として，アンケート調査とインタビュー調査について概説する。また，調査を実施する際や調査を記述する際に留意すべき点を解説していく。
《キーワード》　アンケート調査，インタビュー調査，ワーディング，再現性，サンプリング

1. 人を対象とした調査

　ここまでの章で繰り返し述べられてきたように，論文のようなアカデミックな文章は誰もが納得するようなものでなければならない。では，どのようにしたら読み手を説得する客観的な証拠を確保することができるだろうか。その手段の1つとして考えられるのが，論文で扱う問題について何らかの調査をし，論を支える具体的なデータを集めるというものである。本章ではこうしたデータ収集の方法として，特に人を対象とした調査，中でも大学生が卒業研究などで利用することが多い，**アンケート調査**と**インタビュー調査**を取り上げる。

　初めに断っておくと，調査はすべて人を対象にして行われるわけではない。また人を対象とした調査の方法（研究法）がこの2つに限定され

るわけでもない。たとえば，心理学は人を対象として調査を行う学問の典型と言えるが，このほかにも，実験法や観察法，事例研究法などがよく用いられている。また自らデータを収集するのではなく，他者が収集したデータを再利用したり，世の中にすでに存在しているデータをそれまでとは異なる切り口で分析したりすることで，説得力のある議論を展開できる場合もある（第9章参照）。自分でデータを集めたからといって，それだけで優れた研究，優れた論文になるわけではないという点には注意したい。

　しかしながら，人を対象にした調査は，相手が自分と同じ人であるからこそ，配慮すべきことや思いどおりにいかないことも多く，それらを一つ一つ解決していくプロセスが，かけがえのない経験になることも事実である。また，自身で収集したからこそ感じられるデータの"生々しさ"が，データを分析したり，解釈したりするうえで役立つこともあるだろう。こうしたことから，筆者が研究指導を担当する学生に対しては，自らデータを収集することを推奨している。しかし学問分野や追究しようとする研究テーマによって拠りどころとすべき証拠は異なり，最初からアンケート調査やインタビュー調査を"することありき"で研究を進めるのはナンセンスである。指導教員とよく相談のうえ，自分の主張を支える証拠（論拠）となるものは何で，それはどのようにして入手すべきかを見極めることが肝要である。

　また，せっかく苦労してアンケート調査やインタビュー調査を実施したとしても，データを収集・分析する方法や論文での記述の仕方が適切でなければ，論拠としての役割を果たさないばかりか，誤った結論を導き出しかねない。そこで第8章と第9章では，アンケート調査とインタビュー調査の特徴と，これらの調査にまつわる留意点を概観していく。

○アンケート調査とインタビュー調査

まず，アンケート調査とインタビュー調査の特徴と，これらの調査を用いてデータを収集する際の留意点を見ていこう。なお，ここではわかりやすさを優先し，アンケート調査，インタビュー調査という表現を用いているが，これらは正式な名称としては使われない場合がある。たとえば心理学においては，アンケート調査に相当する調査法を質問紙調査法[1]，インタビュー調査に相当するものを面接法[2]と呼称するのが一般的である。

（A）アンケート調査

質問紙調査法と表現されることからもわかるように，アンケート調査は，かつては質問紙に鉛筆で回答を記入する**紙筆式調査**（paper-and-pencil survey）のものが主流だった。しかしインターネットの普及とともに，最近では**ウェブ調査**の利用が加速している。紙かウェブかという媒体（メディア）の違いはあっても，調査対象者に文字を使って質問をし，文字（書きことば）を使って回答してもらうという点に違いはない。アンケート調査は一度に多くの対象者にまったく同じ形式の質問を提示することができるため，データを数多く収集したい場合に適した方法である。

しかし，データの数が多いというだけで客観性が担保されるわけではない。適切な方法で収集したデータでなければ，数が多いことは客観性に対して何の保証にもならない。量的なデータを一定数，収拾すると，統計的な分析が可能になり，結果を数値で表すことができるが（第9章参照），もとになるデータが悪ければ，どのような分析をしようとも「ゴミが入力されれば，ゴミが出力される（Garbage in, garbage out.）」だけである。データの数を増やすことよりも，適切なデータを，適切な対象に，適切な方法で集めることに注力しよう。

1　質問紙法や，単に調査法と呼ばれることもある。
2　カウンセリングのような臨床的面接法と区別するために，調査的面接法と呼ばれることもある。

（B）インタビュー調査

　インタビュー調査は口頭（話しことば）で質問をし，回答を得る調査である。多くの場合，調査者（インタビュアー）と対象者が個室で対面し，1 対 1 で行われる。そのため，アンケート調査に比べ時間がかかり，多数のデータを一度に集めたい場合には向かないが，代わりに対象者の内面に迫る質問をしやすいという特徴がある。

　インタビュー調査は，手続きをどの程度，構造化するかによって，**構造化面接**，**半構造化面接**，**非構造化面接**に分類される。構造化面接とは，アンケート調査のように，質問内容や質問する順序をあらかじめ決めておき，そのとおりに面接を進めるものである。すべての対象者にまったく同じように質問をするため，質問の漏れや質問内容のブレなどが生じにくく，結果のとりまとめがしやすい。一方で，定められた手続きから脱線することができないため，対象者とのやりとりが機械的になり，途中で興味深い回答が得られても，そこからさらに追加の質問をして，回答を深めるといったことが制限される。対照的に非構造化面接では，そのインタビューで尋ねるおおまかなテーマだけを決め，具体的な質問内容や順序は事前には決めておかない。対象者が自由に語ることを優先し，面接者も，その語りに応じて自由に質問をするため，対象者の内面をより深く知ることができるが，対象者によって質問も語られる内容もまちまちとなるため，結果をまとめたり，比較したりすることが難しくなる。このように，構造化面接と非構造化面接は正反対の特徴を持つため，インタビュー調査ではしばしば中庸の特徴を備える半構造化面接が好まれる。半構造化面接では，質問内容や順序をおおよそ決めてはおくものの，話の流れに応じて追加の質問をしたり，順序を入れ替えたり，柔軟な対応をしていく。3 つの方法のうち，どれを適用すべきかは，研究テーマや対象者から集めた回答をどのようにまとめたいかによって変わってく

るが，厳密な構造化面接はアンケート調査と変わりがなく，対面で質問を投げかけるというインタビュー調査ならではのよさが失われてしまう点には注意したい。

2. 調査を実施する際に留意すべきこと

次に，アンケート調査やインタビュー調査をするうえでの留意すべきことをいくつかの側面から考えていこう。

（1）研究の目的に適った調査法を選択する

最初に留意すべきことは，研究の目的に適った調査法を選択するということである。アンケート調査とインタビュー調査の特徴をごく簡単にまとめるならば，アンケート調査は広く浅く，インタビュー調査は狭く深く問題を追究することに向いた調査法だと言えるだろう。このうちアンケート調査の「問題を"浅く"しか追究できない」点や，インタビュー調査の「問題を"狭く"しか追究できない」点は，それぞれの調査法の短所と言える。しかし，短所がない調査法はない。したがって短所よりもむしろ長所に着目し，アンケート調査の「問題を"広く"追究できる」ことと，インタビュー調査の「問題を"深く"追究できる」ことのうち，自分の研究の目的に適うのはどちらかを十分に検討して選択をしていこう。もちろん，冒頭で述べたように，調査法はこの2つだけではないので，他の調査法を採用するのがより適切だという結論に至ることもあるだろう。あるいは，アンケート調査で広く浅く調査をした後，一部の対象者に，インタビュー調査で狭く深く質問をしていく（あるいはその逆の順）といった補完的な利用も考えられる。重要なのは，調査法は，あくまでも論拠となるデータを収集する"手段"に過ぎないということである。研究の目的に適った調査法を選択することが重要なのであって，

先に調査法を決めるのは本末転倒である。

（2）必要十分な質問を用意する

　アンケート調査やインタビュー調査によってデータを収集すると決め
た場合にも，必要なことを必要な分だけ尋ねられるよう，個別の質問す
べてについて，なぜ，何のためにその質問をするのかを明確にすること
を心がけよう。「なんとなく聞いてみたい」や「とりあえず聞いておこう」
では理由にならないし，特にそれが対象者のプライバシーに踏み入るよ
うな質問であった場合には，対象者の心理的な負担になる。このことを
肝に銘じ，質問することに必然性があるかを徹底的に吟味することが求
められる。またたとえ容易に回答できるような質問だったとしても，尋
ねるだけで，のちに分析に利用しないようなデータだったとすれば，調
査対象者がその回答に要した時間や労力が浪費されたことになる。相手
の立場になって質問を考えることが重要である。

　その一方で，調査が終わり，データを分析する段になって，質問すべ
きことを質問していなかったことに気づいても後の祭りである。調査に
よって仮説を検証しようとしているのであれば，仮説を検証するのに十
分な質問が入っているかをよく確認しよう。また仮説を検証するのでは
なく，調査結果から仮説の生成を目指すような研究であっても，その質
問からどのような回答が得られそうなのかを予測をし，聞くべきことを
聞いているのかをよく精査しておくことが重要である。繰り返しになる
が，これは質問をむやみに増やすということではない。質問の数が多い
と，それだけで，対象者側は個々に質問に丁寧に答えようという気持ち
が削がれることになる。真に重要な質問にきちんと答えてもらうために
も，質問は必要十分なものに厳選しなくてはならない。

（3）ことばの用い方に注意を払う

　アンケート調査とインタビュー調査は，互いを補完する長所，短所を持つが，これら２つは“ことば”を用いた調査法という点では共通している。書きことば（アンケート調査）か，話しことば（インタビュー調査）かという違いはあるものの，ことばを用いて問いかけ，ことばを用いて回答してもらうという調査法である以上，質問をする際のことばの用い方には十二分に注意を払わなくてはならない。その注意の払い方は第１章で述べられたアカデミック・ライティングの基礎に通じるものがある。すなわち，「書き手（調査者）の立場で書くな（聞くな），読み手（対象者）の立場で書け（聞け）」である。

　実際，調査の回答は，どのような文言やどのようなことば遣い（**ワーディング**）で質問するかによって大きく左右される。対象者が質問の意図を誤って理解したり，対象者によって解釈が異なったりするような質問の仕方では，有用なデータは入手できないし，ワーディングによって，回答が特定の方向に誘導されるようなことがあれば，調査によって明らかにすべき真実にたどりつくことができない。特にアンケート調査は，紙やウェブといったメディアを介して間接的に対象者に質問するため，対象者が誤った解釈のもとに回答をしたとしても，そのことに調査者が気づくことは困難である。したがって，書かれたことばだけで対象者が調査者の意図を正しく理解し，それに応じた回答をしてくれるよう，質問文を一字一句検討する必要がある。

　同様にして，回答の様式も，対象者が回答しやすいものにしておくことが求められる。アンケート調査では，回答を数値化するために，「１：とてもあてはまる〜５：まったくあてはまらない」のような段階評価を求めることが多い。これは，自由記述で回答を求める様式に比べ，対象者にとっても負担が少ない様式だが，奇数の段階評価にして中点（「３：

どちらでもない」など）を設ける場合と偶数の段階評価にする場合では回答の傾向が変わるし，各段階に付すラベルや，副詞の使い方（「とても」「かなり」「やや」「少し」など）によっても回答の傾向は変わってくる。対象者の考えや態度が正しく反映されるような回答の様式になっているか，細部にわたって検討を重ねよう。

　アンケート調査やインタビュー調査を，外国語を使って行う場合には，さらに注意が必要である。いくら外国語の能力に自信があっても，母国語とは勝手が異なる。質問文のわずかなニュアンスの違いが回答に大きな影響を及ぼすことをよく認識し，ネイティブによる翻訳やチェック，可能であれば，バックトランスレーション（逆翻訳）の手続きを踏むのが理想的である。バックトランスレーションとは，たとえば，日本語で書かれた質問文を英語に翻訳した後，再びその英語の質問文を第三者が日本語に翻訳することで，英語の翻訳に誤訳やニュアンスの違いがないかを確認する方法である。

　なお，アンケート調査やインタビュー調査はことばを用いる調査という特性から，乳児のようにことばを理解したり，発したりする能力が不十分な対象には適用することは難しい点にも注意が必要である（その場合，観察法のような別の研究法の検討が求められる）。特に書きことばは，話しことばと比べて言語操作に高い能力が求められるため，アンケート調査では，インタビュー調査以上にことばへの配慮が必要である。

（4）対象者の立場になって回答してみる

　質問項目が決まり，調査の準備が一通り整ったら，対象者になったつもりで，自分ならどのように回答するかを想像してみよう。そのときに他人から質問されたら回答したくないと感じるような質問は極力避ける

べきだし，**社会的望ましさが働き**，建前で答えてしまうような質問があ
れば，本音を答えてもらうためには，どうすればよいかを考える。また
どのように回答したらよいかがわからない質問や，回答するのが面倒で
飛ばしたくなるような質問がないかも確認しておこう。ただし，対象者
の立場になるというのは，そうそう簡単なことではない。自分だけでこ
の作業をするよりも，家族や友人，ゼミの仲間など身近な人に協力して
もらい，本番と同じように，アンケート調査やインタビュー調査に回答
してもらったうえで，徹底的に"ダメ出し"をしてもらうことも重要で
ある。

3. 調査を記述する際に留意すべきこと

　最後に，本書のテーマであるアカデミック・ライティングの観点から，
調査について論文で記述をする際に留意すべきことを考えていきたい。
なお，次の第9章でデータの分析について解説することから，結果の記
述方法は，そこで改めて取り上げる。

（1）研究目的と方法の対応を記述する

　既述のように，調査をする際には，研究目的に適った調査法を選択す
べきであり，またアンケート調査やインタビュー調査では，必要十分な
質問を用意すべきである。これは研究目的と，それを達成するための具
体的な方法との対応を明確にするということであり，論文ではこうした
対応を読み手が納得する論理で説明することが求められる。たとえば，
アンケート調査を実施することにした場合，その研究目的を達成するた
めに，なぜ自身でデータを収集することが必要なのか（既存のデータを
活用するのでは不十分なのか），また（インタビュー調査や他の研究法
ではなく）アンケート調査という調査法を採用するのはなぜなのか，そ

してアンケート調査の中に含めた質問項目は，それぞれ何を明らかにするためのもので，それは研究目的とどのように関係するのかといった事項を一つ一つ丁寧に記述していくことになる。そのプロセスで，研究目的と方法との間に何らかの離齬が見つかれば質問項目を練り直したり，ときには研究法そのものを見直すこともあるだろう。したがって，研究目的と方法の対応についての記述は，データの収集を始める前に済ませておいた方がよい。データ収集や分析に時間がかかるからと，見切り発車で調査を始めてしまうと，データを集め終わった後にどうまとめてよいかわからなくなり，途方に暮れることになる。研究目的と方法との対応は，頭の中で考えるだけでなく，記述することで明確になる。記述し，できれば他者に読んでもらって納得が得られるかを確認したうえで，調査に取り掛かるとよいだろう。

（2）再現性を確保する

　科学的な研究は**再現性**が保証されなければならない。つまり，他の研究者が同じやり方で調査をすれば，同じ結果が得られるものでなければならないということである。そのためには，論文の記述さえ読めば，誰もが追試ができるよう，どのような対象者に，どのような内容の調査を，どのような手続きで実施したのかを可能なかぎり具体的かつ詳細に記述することが求められる。特に卒業研究のように，論文の文字数の上限が厳格に決められていない場合には，調査の方法に関する記述には十分な文字数を割くことが望ましい。方法の記述は，結果や考察の記述に比べ，軽視されがちだが，実証研究においては最も重視すべき記述内容と言っても過言ではない。

（3）限界を記述する

　最後に，論文では自分が実施した調査について説明するだけでなく，その調査の限界も丁寧に記述することが求められる。たとえば個人が行うアンケート調査やインタビュー調査には，**サンプリング（標本抽出）** に偏りがあるのがふつうであり，結果の一般化可能性には限界がある。そのことを十分に踏まえた記述が求められる。

　サンプリングとは，研究上，想定しているすべての対象者（これを**母集団**という）から一定数の**サンプル（標本）** を抽出することを言う。アンケート調査やインタビュー調査の多くは，ある何らかの属性で特徴づけられた集団（日本人，大学生，中高年層など）に見られる傾向を調べたり，ある集団と別の集団の傾向を比較したりすることを目的として行われる。この際，特定の集団（たとえば日本人）の構成員すべてに調査ができればよいのだが（これを**全数調査**という），国勢調査のような特別な場合を除き，それはもとより不可能である。そのような場合に，代わりに行うのがサンプリング調査である。サンプリング調査は，正しく行えば，全数調査に劣らない精度の結果が得られるが，そのためには，母集団を正しく代表するサンプルを抽出しなくてはならず，個人の力でそれを実現することは難しい。実際のところ，卒業研究などでアンケート調査やインタビュー調査をする場合には，知人や友人など，自分の伝手を頼って対象者を集めざるをえず，調査対象者が何らかの共通の特徴を持った偏ったサンプル（たとえば，特定の大学の大学生など）になることは免れえない。

　この問題は，サンプル数を増やすことでは解消されない。少数のデータよりも，多数のデータの方が結果を一般化しやすいのは事実だが，サンプリングに問題があれば，いくらデータを増やしたところで，結果にはサンプルの特徴を反映した一定の歪みが生じる。統計的分析（第9章

参照）を行うには，ある程度の数のデータは必要である。しかしそもそもターゲットとしている集団に対して全数調査ができない以上，データの数にのみこだわることには意味がない。それよりも，偏ったサンプルに調査をすることによって，結果にどのような歪みが生じる可能性があるのかをあらかじめ想定し，記述することの方が重要である。

　もちろん研究の限界を記述するというのは，サンプリングの問題に限ったことではない。様々な現実的制約により，あるいは単純なミスによって，当初，思い描いていたような調査ができないことはよくある。むしろやりたかったことを，そのままの形で実現できる方がまれで，いざ調査をしてみた後で「ああすればよかった」と悔やむことの方が多い。そのような場合にも，今回の調査にどのような問題があって，それが結果にどのように反映した可能性があるのか，そして，その問題を解消するためには，今後，何をどう改善した調査をすべきなのかを記述することが重要である。限界を記述することは，自分や自分の研究を卑下することではない。個別の研究には必ず限界があるのだから，限界を記述することは自分がそれを正しく認識していることを読み手に伝えること，すなわち研究者としての能力を示す行為と捉えるべきだろう。

　ただし研究の限界を記述することは，思うような結果が出なかったときに，それを調査対象者の偏りや，方法の不備の"せいにする"こと，すなわち言い訳をすることとは本質的に異なる。思うような結果が出なかったときにも，結果は結果として受け止めたうえで（第9章参照），もしその結果が調査対象者の偏りや，方法の不備による可能性があるのであれば，具体的にそれらがどのように結果に影響したと考えられるのか，何をどう改善したら結果がどのように変わると考えられるのかまでを責任を持って記述することが研究者としての責務である。

　「巨人の肩の上に乗る」という表現があるように，研究は多くの先人

たちの努力の積み重ねの上に成立するものである。これは裏を返せば，個別の研究で明らかにできることはごくわずかだということでもある。調査を行う際には，先人たちから脈々と受け継がれてきた研究という営みに自分が参加しているという喜びを味わいつつも，自身の研究の限界を謙虚に受け止めるという姿勢が求められる。そして，後に続く人に向けて，その限界を詳細に記述していくという作業こそが，アカデミック・ライティングにおいては重要だと心得たい。

　本章では，人を対象とした調査として，アンケート調査やインタビュー調査を取り上げ解説してきた。しかし本書のテーマがアカデミック・ライティングであることもあり，紙幅の都合上，調査の実施方法については，ごく表面的な事柄しか解説できていない。人を対象にしてデータを収集するという行為は，自分の知的好奇心を満たすために，対象者に時間や労力を割いてもらうということである。せっかく収拾した貴重なデータを無駄にすることがないよう，調査をする際には，参照文献に示したような調査法に関する書籍をよく読み，万全な準備をしたうえでデータ収集に臨みたい。また調査に協力をしてくれる対象者には最大限の敬意を払い，研究倫理を順守して調査を実施していこう。

参照文献

北川由紀彦・山口恵子（著）　社会調査の基礎　放送大学教育振興会　2019年
三浦麻子（編著）　心理学研究法　放送大学教育振興会　2020年
鈴木淳子（著）　調査的面接の技法（第2版）　ナカニシヤ出版　2005年
鈴木淳子（著）　質問紙デザインの技法（第2版）　ナカニシヤ出版　2016年
高橋秀明（著）　ユーザ調査法（新訂）　放送大学教育振興会　2020年

9 | 調査法とデータ② ：データの分析と結果の示し方

森津太子

《目標＆ポイント》　論拠とする調査データには，自身で収集するもの以外にも，活用できるものがあることを紹介する。ただし，どんなデータでもその特性を理解し，正しく分析しなければ論拠にはなりえない。また結果の示し方によっては，読み手に誤った印象を与えかねないことから，データの分析と結果の示し方について，留意すべき点を解説していく。
《キーワード》　２次分析，質的分析と量的分析，記述統計と推測統計，尺度水準，相関関係と因果関係

1. 既存データの２次分析

　第８章では，主にアンケート調査やインタビュー調査によって，人から直接，データを収集する方法について概説した。このように自らが調査対象者から収集したデータは，１次データと呼ばれることがある。１次データは，あらかじめ設定した研究の目的に沿って収集したものであるため，適切な対象者に適切な方法を使って集めたものであれば，きわめて有用なものとなる。しかし第８章で説明したように，大学生が卒業研究などの目的で収集するデータには，サンプルの偏りなど様々な点で問題がある。

　そのような場合には，既存のデータを活用した**２次分析**をするのも一案である。２次分析で使用するデータは，他者が異なる目的のもとに収

集（生成）したものである。したがって，自分の研究目的に適うデータ
が見つかる可能性は高くないが，たとえば官公庁や自治体，国際機関な
どが時間とお金をかけて実施したアンケート調査のデータは，サンプル
数とサンプリングの手法の両側面において（第8章参照），個人では太
刀打ちできない良質なものであることも多い。資源の有効活用という意
味でも，研究テーマに関係しそうなデータがあれば，利用を検討しても
よいだろう。政府が公表している統計データは，政府統計の総合窓口
e-Stat（https://www.e-stat.go.jp/）にアクセスすると，「分野」や「組織」
等から絞り込み検索をすることができる。また，JGSS（Japanese
General Social Surveys：日本版総合的社会調査）プロジェクト（https://
jgss.daishodai.ac.jp/）では，日本人の意識や行動を総合的に調べる社会
調査を継続的に実施し，そのデータを希望する研究者に提供している。
データの利用には申請が必要であり，学生の場合，指導教員の承認も必
要だが，生のデータ（ローデータ）を自由に分析することが可能である。
そのほかにも，最近は，オープンサイエンスの一環として，研究者や学
会などが個別の研究のローデータを公開している例もあるので，先行研
究を探す中でそのようなものに出遭ったら，積極的に活用してみよう。
　2次分析に利用できるのは，調査データだけではない。たとえば，大
手新聞社が提供している記事のデータベースや，国立国語研究所が提供
するコーパスと呼ばれる自然言語のデータベースなどを活用すること
で，人々の意識の時代による変化を追うことができるかもしれない。あ
るいは最近，注目されているビッグデータの分析も2次分析の範疇に含
むことができるだろう。これらのデータは，特定の研究目的のために収
集されたものでないがゆえに，バイアスがかかっていない人々の自然な
姿が反映されていることもある。たとえば，Twitter でのつぶやきには，
それをつぶやいた人の心の内が，より自然な形で表れているかもしれな

い。このように，データを論拠として用いるうえで重要なのは，その
データがどれだけ説得力のある，客観的な証拠になりうるかということ
であり，自分で収集するか否かではない。広い視野を持ち，研究目的に
適うデータを貪欲に探していくとよいだろう。

2. データの種類と分析

（1）量的分析と質的分析

　さて，ここからはデータを整理し，分析する方法について見ていくが，
その際にまず考えるべきは，入手したデータに対して質的分析を行うか，
量的分析を行うかということである。アンケート調査は回答を数値化し
て量的に分析，インタビュー調査は録音したインタビュー内容を文字起
こしして質的に分析というイメージが強いかもしれない。しかしアン
ケート調査でも，自由記述の内容を分析の対象にする場合には，質的に
分析することもあるし，インタビュー調査でも，あらかじめ作成した基
準をもとに，発話内容をコーディング（符号化）したり，テキストマイ
ニングをしたりして数値化すれば，量的に分析することが可能である。
　本章では，以降，量的分析を中心に話を進めるが，これは量的な分析
が質的な分析に優るということではない。また量的分析は数値で結果が
表されるために客観的だと思われやすいが，それは大きな誤解であり，
数値で表すだけでは客観性は保証されない。量的分析の方が，データを
整理・分析する手続きが定式化されている分，研究の初心者でも試みや
すく，また分析の過程で，研究者の主観が入る余地が少ないというのは
確かである。しかしそれは，収集したデータを数値という無機質なもの
に変換することで，元のデータが本来持っていた豊かな情報の多くが失
われてしまうことの裏返しでもある。また数値だけを扱っていると，分
析の過程で間違いがあっても，それに気づきにくいため，誤った結論が

導かれる危険性は，むしろ量的分析の方が高いという点も注意したい。したがって，研究法を選択する場合と同じように，分析の仕方も最初から量的分析と決めてかかるのではなく，研究目的やデータの性質に適った分析方法を見極める必要がある。なお，本章で扱わない質的分析の方法とその書き方については，参照文献に挙げた書籍などを参照されたい。

（2）尺度水準

　量的な分析の対象となるのは数値化されたデータだが，同じ数値でも，それがどのような**尺度水準**で測定されたものかによって，分析の際の扱いは変わってくる。したがって，量的分析を行う際には，必ず数値の尺度水準に注意をしなくてはならない。一般に水準が高いものほど，四則演算（足し算，引き算，掛け算，割り算）のような数学的な操作が可能である。

　たとえばアンケート調査では，性別，大学での専攻，職業など，回答者の属性に関する基本的な情報を尋ね，データを整理する際に，男性には「0」，女性には「1」といった数値を割り当てることがある。この場合，割り当てられた数値は，カテゴリを分類するために便宜的に用いられているだけで，回答者の性を区別する記号という以上の意味を持たない。したがって，この数値に対しては四則演算をすることができず，できるのは個々の数値が観測された個数を数え上げる（度数を求める）ことのみである。このような尺度は**名義尺度**と呼ばれ，尺度水準は最も低い。

　名義尺度よりも1つ水準が高いのが**順序尺度**で，その名のとおり順序を示す尺度である。たとえば，国語，算数，理科，社会，英語の5科目について，自分が得意と思う順に順位を付けてもらう場合などがこれに

あたる。この場合，1位は2位よりも，また2位は3位よりも高い順位
にあることは確かだが，1位と2位の差が2位と3位の差と同じという
わけではない。このように順序尺度では数値によって順序関係は明確に
なるものの，測定した値（測定値）の目盛りの間隔が一定（等間隔）で
はないため，名義尺度と同じく，四則演算をすることができない。

　次に尺度水準が高いのは**間隔尺度**で，順序尺度との違いは，測定値の
目盛りが等間隔ということである。この性質により，間隔尺度では足し
算や引き算が可能となり，分析の幅が大きく広がる。間隔尺度の典型に
は，摂氏温度をあげることができる。摂氏18度と摂氏20度の間には2度
の差があるが，この差は摂氏6度と摂氏8度の差と同じである。アン
ケート調査によく見られる段階評価（たとえば，「1：とてもあてはま
る〜5：まったくあてはまらない」の中で当てはまるものを回答する）
も間隔尺度として扱われることが多い。ただ段階評価の尺度は，厳密に
言えば，目盛りが等間隔ではない。「1：とてもあてはまる」と「2：
ややあてはまる」の間隔が，「2：ややあてはまる」と「3：どちらで
もない」の間隔と，回答者の主観において同じという保証はないからで
ある。第8章で説明したように，尺度に付す言語ラベルによっても，目
盛りの間隔に対して回答者が抱く印象は変わることがある。したがって
段階評価は，本来ならば順序尺度として扱うべきものだが，順序尺度は
四則演算ができず，数学的な操作が制約されることから，後述のような
統計的分析をする際には，間隔尺度と"みなして"いるのだということ
に留意したい。

　尺度水準が最も高いのが**比率尺度**で，目盛りが等間隔という性質に加
え，絶対的な原点を持つ。典型例には体重（重さ），身長（長さ）など
を挙げることができ，0という数値が特別な意味を持たない間隔尺度と
は異なり，重さが0g，長さが0cmというのは何もないことを指して

いる。比率尺度では，すべての四則演算が可能である。

3. 統計的分析

量的分析とはふつう統計的分析のことを指し，記述統計と推測統計に
大別できる。

（1）記述統計

記述統計とは，収集したデータを整理し，その特徴をわかりやすく表
現（記述）するものである。たとえば，アンケート調査の回答の全般的
な傾向を把握するには，測定値について**度数分布**を作成するのが便利で
ある。度数分布とは，各質問項目に対する回答の個数を示したもので，
それが名義尺度や順序尺度の場合は，数値は連続的な性質を持たないも
の（離散変数）であることから，各数値に属する回答の数を数え上げる。
たとえば「0」と回答している男性は何人で，「1」と回答している女
性は何人かといった具合である。

一方，間隔尺度や比率尺度で表された数値は連続的な性質を持つ（連
続変数）ため，適当な幅に区切って階級分けをする。たとえば，身長や
体重を階級分けし，その階級に該当する人を数え上げる。度数分布を表
にしたり（**度数分布表**），それを図示したりする（**棒グラフやヒストグ
ラム**）ことは，データに統計的な分析を行う際の最初の重要なステップ
である。これにより，極端な値（**外れ値**）やありえない数値[1]が含まれ
ていたときにそれを発見しやすくなるからである。

しかし測定値の数が増えてくると，単に度数を数え上げるだけでは，
回答の全般的な傾向が見えづらくなってくる。そこで用いられるのが**要
約統計量**であり，多数の測定値の特徴を1つの値で表そうとするもので
ある。要約統計量には様々なものがあるが，よく利用されるものに測定

1　質問紙を使って行った多数のアンケート調査の回答を，コンピュータで入力す
る場合には，間違った数字のキーを押してしまうといったミスは頻繁に起こる。

値の中心傾向を表す代表値があり，**平均値**，**中央値**，**最頻値**などが知られている。中でも平均値は最もよく利用される指標であり，すべての測定値を足し合わせ，その合計を測定値の数で割ったものとして表される（したがって，間隔尺度以上の水準の測定値でしか利用できない）。平均値は便利な指標だが，**外れ値**があるなど，測定値の分布に偏りがあると，その影響を受けやすい。そのような場合[2]には，中央値や最頻値といった別の代表値が用いられる。中央値は，測定値を昇順（もしくは降順）に並べたときに，中央に位置する値である。たとえば，小学校のクラスで身長の中央値を求める場合，身長の順で並んだときに，真ん中に来た子の身長が中央値である。クラスの人数が偶数の場合には，ちょうど真ん中になる測定値がないため，真ん中に近い前後の値の平均が中央値となる。最後に最頻値とは，度数分布で最も度数が多い値である。

　回答の全般的な傾向を表す要約統計量としては，測定値の散らばりを示す指標も重要である。たとえば10名がテストを受け，全員が50点だった場合と，5名が0点で5名が100点だった場合の平均値はいずれも50点である。しかし，その意味合いは大きく異なる。そのため，要約統計量を示す際には，中心傾向を表す指標だけでなく，散らばりの指標も併せて示すのが一般的である。最も単純な散らばりの指標は測定値の**範囲**で，最小値と最大値との間にどれくらいの隔たりがあるかを示す。しかしより頻繁に用いられるのは，**分散**や**標準偏差**といった指標であり，分散は以下のような式で表される。

　　分散＝（各測定値－平均値）の2乗の和／測定値の総数

この式の分子を見ると，個々の測定値から平均値を引くことで，それぞれの値が平均値からどの程度，隔たっているかを計算していることがわかる。ただしこの隔たり（偏差）は，正負いずれの値もとりうるので

2　研究の目的によっては，外れ値は排除される場合がある。外れ値を排除する場合には，あらかじめどの程度，極端な値を外れ値とするのかを決めておき，恣意的なデータの排除にならないように注意をする。

（測定値が平均値より小さい場合はマイナスとなり，平均値より大きい場合はプラスとなる），符号の影響をなくすため，2乗をしてすべてを足し合わせたうえで，測定値の総数（分母）で割っている。すなわち分散とは，測定値の平均的な偏差を示す指標である[3]。しかし分散は計算の過程で数値を2乗しているため，もとの測定単位がわかりにくい。そこで，分散の平方根（ルート）である標準偏差が測定値の散らばりの指標としてよく利用される。

　さて，ここまでは1種類の測定値の要約統計量を求める方法を説明してきたが，調査研究においては，2種類の測定値の関係性を調べることも少なくない。その場合には横軸と縦軸にそれぞれの測定値を対応させた**散布図**を作成し，両者の関係性の程度を**相関係数**と呼ばれる指標で表すといったことがよく行われる。相関係数は－1.0から＋1.0までの値をとり，0より大きい**正の相関**では，一方の測定値が大きくなるほどもう一方の測定値も大きくなるため，散布図は右上がりのグラフとなる。反対に0より小さい**負の相関**では，一方の測定値が大きくなるほど，もう一方の測定値が小さくなるため，右下がりのグラフとなる。絶対値が大きいほど2つの測定値間の関係性は強く，0だと無相関である。

　ところで，このような**相関関係**と，原因と結果の関係を示す**因果関係**とは明確に区別される必要がある。たとえば，子どもがゲームで遊ぶ時間と学業成績の間に負の相関があると（ゲームで遊ぶ時間が長いほど学業成績が悪い），「ゲームで遊ぶ」という原因によって，「学業成績が低下する」という結果が生じると考えたくなるが，実際には，逆の因果関係があったとしても（学業成績が落ちるほどゲームで遊ぶ時間が長くなる），相関係数の値は変わらない。また別の3つ目の変数が原因で，ゲームで遊ぶ時間も学業成績もいずれもが結果である場合（たとえば，親が放任主義であるために，子どもは好きなだけゲームで遊び，勉強もまっ

3　ここで示したのは，標本分散を産出する式である。分散には，ほかに不偏分散と呼ばれるものがあり，母集団（後述）の推定には不偏分散の方が望ましいとされている。不偏分散での場合，分母は測定値の総数から1を引いた数値である。

たくしないので学業成績が悪い）には，両者の間に相関関係があるように見えるだけで，本当のところは**疑似相関**ということもある。卒業研究などで行われるアンケート調査やインタビュー調査は，単一の時点で調査をする（**横断調査**）ことが多いが，同時に2つの変数が測定された場合，どちらの変数が時間的に先行しているかを特定することができない。当然ながら原因は結果に先行していなければならないので，調査によって因果関係を特定するためには，少なくとも2つの異なる時点で調査をする（**縦断調査**）必要がある[4]。

（2）推測統計

　記述統計は，収集したデータを整理し，その特徴をわかりやすく表現（記述）するものだったが，研究によっては，収集したデータを母集団から抽出されたサンプル（第8章参照）と考え，背後に想定される母集団の特徴を推測しようとすることがある。特にある集団（たとえば，20代の学生）と別の集団（40代の学生）の特徴（たとえば，学習意欲）を比較するといった場合には，それぞれの集団から収集したデータ（サンプル）をもとに母集団の特徴を推測し，2つの集団の特徴に意味のある違いがあるかを検定する。

　たとえば，2つの群間の平均値の差が統計的に意味のあるものかを分析する場合には，t検定が用いられることが多いが，t検定に限らず，統計的検定の手順は，おおよそ次のようなものである。まず，検定の対象となる仮説を設定する。この際，仮説は棄却される（否定される）ことを想定したもので**帰無仮説**と呼ばれる（たとえば，20代の学生と40代の学生の学習意欲には違いがない）。一方，帰無仮説が棄却されたときに採択されるのが**対立仮説**である（たとえば，20代の学生と40代の学生の学習意欲には違いがある）。仮説を設定したら，収集した測定値から

4　アンケート調査やインタビュー調査は，もともと因果関係の特定に向く研究法ではない。因果関係を特定するには実験法が向いている。

検定統計量（この場合，t 値）を算出し，それが当該の統計量の分布（この場合，t 分布）において棄却域に入れば，帰無仮説を棄却し，対立仮説を採択するという手順である。

　この際，棄却域は有意水準を何％に設定するかによって変わってくる。よく採用されるのは５％という水準だが，あくまでも慣習的なもので，数学的な根拠があるわけではない。具体的には，同じような検定を20回行ったとき，１回は間違いが生じる[5]が，その程度の間違いであれば許容できるだろうといった意味しかなく，この数値を高いと見るか低いと見るかは評価が分かれるところだろう。なお，有意確率は平均値の差の大きさとは無関係で，１％水準で棄却された場合の方が５％水準で棄却された場合よりも，２つの集団の間に大きな差があるということを意味するわけではない。許容される間違いの頻度が20回のうち１回から，100回のうち１回に減っただけである。

　このことからもわかるように，同じような検定を繰り返すと，その分だけ，棄却すべきではない帰無仮説を誤って棄却する誤ち（第１種の誤り）を冒す可能性が高くなる。したがって，検定を繰り返すことは避けるべきである。たとえば，A，B，C という３つの集団の平均値を，２集団ずつ比較すると，t 検定を３回（AとB，BとC，AとC）繰り返すことになる。そのため，それぞれの検定における有意水準を５％に設定すると，３回の検定のうち少なくとも１回で，帰無仮説を誤って棄却してしまう確率は約14％（$1 - .95^3 ≒ .14$）にまで上昇する。こういった事態を避けるため，３集団以上の平均値を比較する場合には，分散分析のような他の分析手法を用いて一度に検定を行うことが推奨される。同様にして，アンケート調査の質問項目一つ一つに対して，同じ統計的検定を繰り返すことも極力避けるべきである。

5　たとえば，t 検定において，５％水準で帰無仮説が棄却された場合，２つの集団の平均値に見られる差が，意味のある差ではなく，単なる偶然によって生じた差だったということ（本来ならば，棄却すべきではない帰無仮説を誤って棄却してしまうこと）が，20回に１回生じるということ。

　また，統計的には意味のある差（有意差）があったとしても，それが現実世界において必ずしも意味を成すわけではないという点も注意したい。収集するデータ（サンプル）の数が増えると，ごくわずかな差であっても検出されやすくなり，有意になりやすいからである。結果を解釈する際には，検定結果だけでなく，実際の数値を見て，その数値が意味するところをよく考える習慣をつけておこう。またここでは，推測統計として有意性検定を紹介したが，最近では，有意水準という恣意的な数値に頼らない推測統計も発展しつつある。研究法と同じく，統計的分析も，研究の目的を遂行するための"手段（道具）"に過ぎない。手段に振り回されるのではなく，使いこなすつもりで，自分の研究に最適な分析手法を利用したい。

4. 図表を使って記述する

　データの分析が終わると，いよいよその結果を論文に示すことになるが，量的な分析をした場合であっても，論文において中心となるのはあくまでも文章である。結果をわかりやすく見せるために，図（グラフ）や表を利用することがあるが，それらは文章による説明を補助するものであり，主従を逆転してはならない。卒業研究などで，初めて論文を書く学生の中には，図表を載せるのみで文章による説明をいっさいしない者をたまに見かける。しかしそれでは，その図表が何を示したもので，どの部分の結果に着目すべきなのかが読み手には伝わらない。論文を書く側にとっては自明と思われるようなことでも，読み手にはまったく自明ではないという，論文を執筆するうえでの基本に立ち返ろう。

　このように，図表とそれを説明する文章は対を成すものであるため，文章のどの部分がどの図を説明しているかがわかるように，図表にはそれぞれ通し番号をつけ，文章内でその通し番号に言及することが求めら

れる（例：図1に示すように～，～が示された（表1））。また，それが
何を示した図表なのかが一目でわかるようなタイトルを付けることも重
要である。

　文章で結果を説明する際には，客観的事実と主観的解釈とを区別して
書くことを心がけたい。両者の区別は，実際にやってみると，想像より
もずっと難しいが，結果の説明は，数値の大小関係など，誰の目にも明
らかな事実のみを淡々と記述する。この際，図表内に記載されている数
値を文章中にもう一度，記載する必要はない。そのような情報の重複は
避け，数値の記載が文章だけで事足りるならば，むしろ図表を削除する
のが望ましい[6]。繰り返しになるが，論文で使用する図表は文章による
説明を補助するものであるため，あらゆる分析結果を図表にする必要は
ないのである。研究結果を短時間で他者に効果的に伝えなければならな
いような場面（たとえば，プレゼンテーションの場面）では図表が活き
るが，論文はその名のとおり「文章で論じるもの」だということを心得，
文章だけでは十分に結果を読み手に伝えられないと判断した場合にの
み，図表を利用しよう。なお，同じ結果を図と表，あるいは複数の図を
使って表すという冗長さも，原則として避けるべきである。

　また論文における図表の役割は，事実を正確にわかりやすく伝えるこ
とに尽きる。結果を誇張するために，グラフの目盛りを調整してわずか
な平均値の差を大きな差であるかのように表現することは厳に慎まなく
てはいけない。不要な演出により図表を飾り立てること[7]も，図表が本
来果たすべき役割から逸脱している。アンケート調査やインタビュー調
査は骨の折れる作業の連続である。苦労して収集したデータの分析結果
を，実際よりも良いもののように見せたくなる気持ちは理解できるが，
それはアカデミック・ライティングにおいてするべきことではない。あ

6　たとえば，調査対象者の性別を円グラフを使って示す必要はなく，文章中に人
　数と比率を記載すれば十分である。

7　必要以上にカラフルにする，平面図でよいものを立体にする，イラストを入れ
　るなど。

りのままの結果をわかりやすく読み手に伝える努力をしよう。

　最後に，思いどおりの結果が出なかったとしても，結果は結果である。分析結果を改ざんするような行為があってはならないのは当然だが，分析結果を見てから，それに合うように仮説を作り直し，まるで仮説が支持されたかのように論文を記述する行為[8]も避けるべきである。思いどおりのものでなかったとしても，結果は出たまま，ありのままに記述し，なぜそのような結果が見られたのかについて，研究の限界を踏まえながら（第8章参照），多面的に考察することに力を注ごう。その経験が必ず次の研究へとつながっていくはずである。

参照文献

ダレル・ハフ（著）・高木秀玄（翻訳）　統計でウソをつく法──数式を使わない統計学入門　講談社ブルーバックス　1968年

林拓也（編著）　社会統計学入門（改訂版）　放送大学教育振興会　2018年

板口典弘・山本健太郎（著）　心理学レポート・論文の書き方──演習課題から卒論まで　講談社　2017年

Kerr, N. L. (1998). HARKing: Hypothesizing after the results are known. *Personality and Social Psychology Review*, 2, 196-217.

太田裕子（著）　はじめて「質的研究」を「書く」あなたへ──研究計画から論文作成まで　東京書籍　2019年

清水裕士（編著）　心理学統計法　放送大学教育振興会　2021年

8　Hypothesizing After the Results are Known（結果がわかった後で仮説を立てる）の頭文字をとって HARKing と呼ばれる（Kerr, 1998）。

10 | アカデミック・ライティングの基礎⑤： パラグラフで書く

滝浦真人

《**目標＆ポイント**》　文章を書く単位としての「パラグラフ」を理解し，実践できるようにしたい。パラグラフの内部構造で文がどのようにつながっているか，またパラグラフ同士がどのようにつながって文章を構成するか，文章の"まとまり"と"つながり"を意識したい。
《**キーワード**》　パラグラフ・リーディング，パラグラフ・ライティング，主張，"まとまり"と"つながり"の入れ子

1. パラグラフ—"まとまり"と"つながり"の連鎖—

　もし，ある問題を考えようとして，自分の頭に浮かんできた事柄を，浮かんできた順に言葉として書きつけていったとしたらどうだろう？書き手にとってそれは備忘録になるだろうし，読んでたどり直すことで自分の思考を再現できるかもしれない。しかし，読み手側の事情はまったく違う。読み手にとってそれは何かストーリーの断片を思いつくままに並べたものとしか思えないだろう。それが小説なら，主人公の心理の動きを表すために，あえてそんな書き方をすることもあるかもしれない。しかし，学術的な文章にはならない。
　学術的な文章になればなるほど，**文章全体の「構造」，つまり個々の要素が持っている役割や要素同士のつなぎ方・並べ方**が，明確に意識されている。そのために，文章を構成するそうした「要素」は，読み手が

容易かつ安定的に把握できるように，形の上でもまとまりを成している。そうした単位としての要素のことを「**パラグラフ**」と呼ぶ。「パラグラフ」を日本語に直すとすれば「段落」ということになるが，日本語の段落は，とりわけ小説などでは得てして短く，文章の"ひと息"のような場合もよくあるので，パラグラフとは考え方が違うと思った方がいいと思う。

　パラグラフは，

１つのパラグラフに１つの内容

というのが大原則で，文章全体に対してもパラグラフごとに働きが決まるような関係となる。

　パラグラフで読む／書くときに鍵となるのは，

話の"まとまり"と"つながり"をとらえる／つくること

である。パラグラフはそういうわけでそれ自体が１つの"まとまり"だが，パラグラフはいくつかの文から成っており，それゆえ文の"つながり"であると言える。そして個々の文もまた，より小さな文要素の"つながり"によってできているそれぞれが"まとまり"である。こんどは文章全体の中で見ると，パラグラフは要素という位置づけとなり，パラグラフの"つながり"が文章全体という関係になる。こうした**"まとまり"と"つながり"が小さな単位から大きな単位まで入れ子状になった関係**を図に示しておこう（図10‐1，次頁）。

　アカデミック・ライティングの意識としては，１つの内容と言える"まとまり"をしっかり担保しつつ，今度は接続語などを用いてそれを論理的な流れになるような"つながり"にしていくことが肝要だが，ま

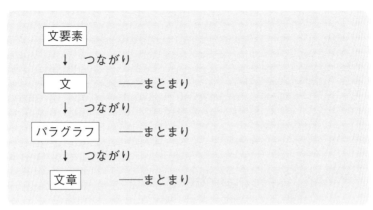

図10-1 "まとまり"と"つながり"の連鎖

ずはパラグラフの内部構成が問題ということで，本章では主にそちらに
光を当てていく。パラグラフを構成する文には，パラグラフにおける働
きに応じた名前がある。そのパラグラフの内容を最も要約的に表す文は，
「トピック・センテンス」（ここでは「中心文」としておく）と呼ばれる。
典型的にはそれに続く文などが，その内容を言い換えたり説明したりす
る働きをするので，「サポート・センテンス」（ここでは「支持文」とす
る）と呼ばれる。パラグラフの最後など，小さな結論を導き出すような
形で「コンクルーディング・センテンス」（ここでは「結論文」とする）
が加わることもある。英語と比べた場合，日本語では"後ろが大事"と
いう傾向があるため，パラグラフでも結論文を置いた方が座りがいいと
感じられるのか，英語よりも多く用いられる印象が強い。このように各
文には役割があることになるが，それらをただ置いただけでは"まとま
り"にならない。文と文の間の"つながり"が全体をまとめ上げるので，
接続語などによる接続関係に注意を払う必要がある。パラグラフの内部
構造を次頁の図10-2に示しておく。ただし，図中の「中心文」や「支

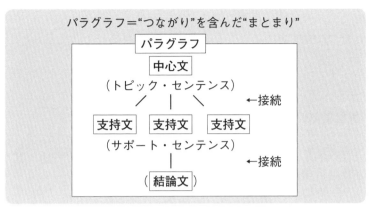

図10-2　パラグラフの内部構造

持文」の順番は必ずしもこのとおりではない。

　中心文，支持文，結論文の違いは，文章全体に対する貢献（度）の違いでもある。貢献（度）というと大げさに響くが，要は抽象度が異なるから，**文章全体に直結する働きをする中心文・結論文**と，基本的に**パラグラフ内部で仕事をする支持文**，という違いとなって表れる。その結果，パラグラフは抽象度が異なるいくつかの文による**抽象度の差で構成される**ことになる。

2.　パラグラフで読む

　以下，本章では，パラグラフで読むこととパラグラフで書くことをそれぞれ見ていきたい。ぜひ自分でも実践しながら理解してもらえたらと思う。やはりこれは実地に読んでみないと確かな理解にならないので，以下に掲げる課題文を読んで，問いを考えてみてほしい。課題文は，我田引水で恐縮だが手っ取り早く，筆者が書いた本からの一節である。便宜上パラグラフに番号を振る。パラグラフの内部構造を意識できるよう

になると，文章全体に対する働きをしている文に目が行くようになり，それらをつないでいくことで，全体の要旨を容易にとらえることができるようになる。まずはちょっと試してみてほしい。

--------【読むための課題文と問い】--------

Q. 次の文章をパラグラフの中心文・結論文に注目して要約してみよう。字数の目安は400〜500字程度とする。

① 道を歩いていて突然，知らない人から「肩が触れた」あるいは「ガンをつけた」と言いがかりをつけられる——そういう理不尽な出来事が，ときどき新聞やテレビを賑わせる。とんでもなく粗暴な人間か，よほど機嫌でも悪かったのだろうか。だが，それにしては，わりとよく耳にする事例ではある。なぜだろう？

② もし自分が遭遇してしまったら……，と想像してみよう。そんな理不尽な，と思う隣にもうひとりの自分がいて，「あ，しまった……」と感じてはいないだろうか？　「しまった」と思うのは，図らずも何かをしてしまったという直観の表れである。「肩が触れた」なら文字どおりの身体接触，「ガンをつけた」のは（そちらを見たということだから）視覚による間接的な接触であり，つまりは，相手の身体的"なわばり"に自分は触れてしまったのではないか？という自省が「しまった」という思いになる。だとすると，ここには，相手のなわばりに触れることにかんする，人類学的な「タブー」の問題がかかわっていることになる。

③ 満員電車が不快であることの理由も，ここから説明することができる。満員電車の中では，人は身体的ななわばり（パーソナル・スペー

ス）を確保することができず，身体的な自由もきかない。見知らぬ人どうし，互いに互いのなわばりを侵し合った状態のまま運ばれてゆくことは苦痛であり，そのような状況では，ちょっとした身体の触れ方ひとつで簡単に諍_{いさか}いが起こることを人びとは知っている。満員電車とは，そもそも基本的なタブーを犯すことが避けられないような状況なのである。だから，そこでは皆がすこしずつ緊張している。何の媒介もない近すぎるナマの人間関係は，危険が大きく，人に緊張を強いる。

④　ところが一方，互いのなわばりに踏み込み合うことが，不快どころか大きな幸福感をもたらすような人間関係も存在する。恋人同士という関係はその典型である。恋人たちは，身体を寄せ合い，触れ合い，また互いを見つめ合い，口づけをする。互いのなわばりが境界を失って１つに融合しているこの状態が，幸福なのである。もちろん，こうした人間関係は，いくつもの条件が満たされていなければ成立しない——満員電車の中で見知らぬ人に同じことをしたら，それは「痴漢」と呼ばれる犯罪行為になってしまう。しかし人は，自分や相手が傷つくリスクを承知の上で（たとえば"ふる／ふられる"），こうした関係を求めようとする。

⑤　ここに，人間関係と"なわばり"のややこしい関係を見てとることができるだろう。人は自分のなわばりを確保しておきたいと思い，他者から踏み込まれたくないと思う。ところが同時に，人は，他者と通じ合い，互いに互いを受容し，２人で１つのなわばりを共有するような関係を持つことを喜びとする。この２つの欲求は基本的に相容れず，一方を最大限に満たせば，他方は断念するしかないような関係にある。たとえば，「ひきこもり」と呼ばれる状態は，前者だけを守り，後者を放棄せざるを得なくなった状態のことと見ることができる。他者を

傷つけもせず他者から傷つけられることもない代わりに，他者と交わる喜びも訪れない。反対に，時に「パシリ」などと呼ばれ悲劇的な結末を生んだりするケースは，他者との交わりばかりが肥大して，ついには，他者が踏み込んでこない“自己”を保つ余地がなくなってしまった場合である。

⑥　さらにいえば，この欲求は自分だけのものではない。対面する相手もまた，同じ２つの欲求を持っている。欲求と欲求を直接ぶつけ合っても，生じるのは争いだけである。ここに，最も広いいみでの“交渉”が必要となる素地がある。「ポライトネス」とはさしあたり，この“交渉”に欠かすことのできない対人的配慮のことだと言ってよい。何ものにも媒介されないナマの人間関係は，見知らぬ他者との間で持つには近すぎて危険である。ナマの人間関係を回避するために他者を遠ざけることはできるけれども，遠すぎればこんどはたんに疎遠となって人間関係自体が成り立たない。人間関係のそうした不安定を軽減するには，対人関係を調節する媒体が必要なのである。よく知られているように，身振りや表情は非言語的な次元で一定の媒介的機能を果たしている。ことばを持った人間は，同様の働きを言語にも見いだした。そして言語は，人を“近づけつつ遠ざける”という一見奇妙な働きをしながら，対人関係を適度な距離に調節してくれる最大の媒介者となった。「ポライトネス」とは，言語のもっぱら対人関係の確立や維持・調節にかかわる働きのことである。

（滝浦真人『ポライトネス入門』第1章第1節「人間関係と“なわばり”のややこしい関係」2008：pp. 2-3）

一つ一つのパラグラフで，すべての文を「中心文／支持文／結論文」

に分けていくことが大事なのではなく，文章全体の要素になりそうな文とそれを支えるためにある文の区別がつけば，大づかみに内容を把握することも容易になるということを理解してもらえたらと思う[1]。内容を大まかに拾っていくならば，まず，人間にも動物的ななわばりの意識があり，それを侵されることはかなり不快であることが，具体例を通じて述べられた後，それにもかかわらず，互いのなわばりを踏み越え合って自他が融合するような状態を幸福だと感じるのもまた人間であることが述べられる。そして，そのように両義的な側面は，人が誰しも持っている相反する欲求，すなわち，自分のなわばりは保ちたいが他者には受け入れられたいという欲求の反映であると説かれる。そこで必要になるのが対人距離の調整ということで，それをしているのが対人配慮の「ポライトネス」なのだと結ばれる。以下に，筆者自身の書いた要約例を掲げるので，各パラグラフの要点をつないだものと上の流れを見比べてみてほしい。

①歩いていて知らない人から突然絡まれるのは理不尽だが，②あらためて考えると，相手に触れたり相手を見たりしたことで相手のなわばりを侵してしまっていたりする。③満員電車の不快感も，互いのなわばりを侵したまま運ばれていくことの不快感と言え，そうした媒介するものがないナマの関係は危険が大きく緊張を強いるものである。④そうかと思うと，全く対照的に，恋人同士は互いのなわばりを越えて融合している状態を幸福だと感じ，人はリスクを承知でそうした関係を求める。⑤人間関係となわばりの一筋縄ではいかない関係をここに見ることができる。一方で人は自分のなわばりを侵されずに保ちたいと思うが，他方で人は他者と通じ合い互いに受容し合ってなわばりを共有することを願う。⑥さらに言えば，この

---

[1] 「中心文／支持文／結論文」のより細かい説明については，姉妹科目の『日本語リテラシー』第4章に譲る。

欲求は自分だけでなく対面する相手ももっているものだから，欲求の衝突による争いを避けるために，両者の欲求を調整する必要が生じる。そのように，人を近づけつつ遠ざける働きをしながら対人距離を適度に保つ働きをしているのが，言語的な対人配慮としての「ポライトネス」である。(455字)

ところどころ，1文ではなく2文を拾いたいような箇所もあるが，おおむね両者は重なっていると言えるだろう。

　本書の目標は，学術的な文章が書けるようになることだが，自分が読んで勉強したことについても，まず正確に理解することが必要で，そのためには読んだものを的確に要約できなければならず，そうしたものを書くこともまた当然必要になってくる。その意味で，

　　"読むことは書くことの始まり"

であると思っていていいだろう。

3. パラグラフで書く

　読むプロセスを逆向きにしたのが書くプロセスである。こんどは「中心文／支持文／結論文」を自分で決めて自分で書いていくことになるが，そのためには，パラグラフごとに，**ここで自分は何を書くのか？を明確に把握してから書く**ことが鍵と言える。では，説明文を書く課題が出たことにして，その文章を書くプロセスを追っていくことにしよう。課題文のタイトルは，

　　「人はなぜ眠らなければならないか？」

であると仮定する。分量はいかようにも可能だが，できたら読者にも実際に書いてみてほしいので，短めに1000字程度としておこう。人間にとって睡眠が必要であることの理由を説明する文章である。第2章でも触れたように（p. 37），「なぜ……か？」という問いにおいては「……」の部分は事実として扱われているので，**人は眠ることが必要だという前提で書く**――睡眠時間が短くても平気な人がいるというのは，「眠らない」のではなく「少ししか眠らない」ことだから，睡眠は取っている。

　タイトルまで決まっていて，あることの理由を書くことが求められているのであれば，第5章で見た"**独りブレインストーミング**"を実践して，内容を決めていけばよい。ここから先では，自分の考えるそうした"内容"がいくつあるのか？そして各々，何がその核で，何がそれを支え，何がそこから導かれるのか？といったことを意識しながら考えていってほしい。

　まずは，上の問いに対する答えとして，自分が**何を主張したいか**を考えよう。睡眠の必要性という問いは，答えの基本線が比較的考えやすいと思う。まずはとにかく，疲労からの回復のための睡眠という理由が思い浮かぶだろう。寝なければ体が持たないという意味での睡眠は，とりあえずは身体的・物理的な理由と言うことができる。ではそれで十分かと考えると，睡眠不足や不眠の連続で思考力が低下したり，ときにうつ病などの病気になるといったことが思い起こされるだろう。これは，体というよりも頭を休めることが必要だという話であって，心理的・精神的な理由と考えることができるだろう。ここまでで，**睡眠の必要性は，身体的・物理的理由と心理的・精神的な理由とによって説明されるという大枠**となる。

　これで終わっても主張としては成り立つが，これ以外の，あるいはこの区分に収まらないような他の理由を考えることもできそうである――

実際，考えていけばかなり多くの理由を思いつくことができるだろう。考える過程で並行していろいろ調べたりするならば，たとえば，眠っている間に成長ホルモンが分泌されて体が成長するといった知見に触れるかもしれない。あるいは，そうした専門的な話ではなく，活動と睡眠の繰り返しによる生活のリズムが持つ意味といったことに話を広げるのも悪くない。必ず押さえるべき基本の理由のようなものはあるが，それを押さえたら，すべての理由が同じ優先度である必要はない。そのようにして，第3の理由を考えることもできる。

■ **パラグラフの構成**
　ここまでで，主張の大枠を，

① 　身体的・物理的理由
② 　心理的・精神的理由
③ 　その他の理由

の3つに決めたとする。そうしたら次は，この①〜③の「主張」に対応**して各々1つのパラグラフで書くことをイメージしながら，それぞれ**どう構成するかを，やはり"独りブレインストーミング"しながら考えることになる。読者も試しにこの①〜③を仮定して書いてみてはどうだろう？

　理由の一つ一つが1つのパラグラフだと書いた。もちろんこれは全体の分量にもよることだが，1000字程度なら理由のパラグラフは3つで十分である。内容が多くなってくると，改行しなくて大丈夫だろうか？と不安になるかもしれないが，心配は要らない。**内容的に1つのまとまりであり，かつ，より大きなまとまり（この場合は文章全体）に対して1**

つの要素になっている関係だと言えるなら，少々長くても１つのパラグ
ラフで問題ない——欧米で書かれた学術本などは１パラグラフが非常に
長く，１ページが２パラグラフ程度で構成されることはまったく普通で
ある。

　では実際に書くつもりになって進めよう。上で①〜③としてまとめた
ポイントが，各パラグラフの中心文になると考えればよい。そして，中
心文の内容を読み手に理解してもらうために，書き手が必要と考えるこ
とを展開する説明や帰結が支持文である。中心文が前に来る場合には，
後ろで支持文が展開されるに従って，抽象度が下がるパターンになりや
すい。反対に，支持文を重ねていって中心文を導くような場合には，抽
象度が上がっていく展開になる。

　まず①である。人間が活動すれば必ず疲労がたまり，そのまま活動を
続けるとそのうち活動ができなくなってしまうというのが，身体的・物
理的理由の骨子だろう。中心文をそのように書いてもよいし，この場合，
否定と肯定を裏返しても成り立つので，睡眠によって疲労を取り除くこ
とで再び活動することができる，といった中心文にしてもよい——両方
成り立つのであれば，両方書くのもダメ押し的でよい。図式的に書けば
こんな感じだろうか。

　①　**身体的・物理的理由**
　　　活動　→　疲労（→　活動不能）
　　　　　　　　→　除去　→　活動再開

　次の②では，**脳を休ませる**ということがポイントである。身体を休め
ても脳が休まらないと，疲労が回復せず生活にも重大な支障が出ること
は，不眠の辛さを知っている人なら実感されることだろう。いずれにせ

よ，脳の休息という論点と，心の休息，つまり生活上のストレスや様々な記憶の処理が可能になるといった展開を関連づけて書きたい。自ずと，中心文もそのあたりのことを書くことになるだろう。論点が明確になれば，書くべきことも，次のようにはっきりする。

② 心理的・精神的理由
　　脳を休ませること → ストレスや記憶の処理
　　　　　　　　　　（＝心理的・精神的疲労の除去）

　骨子はシンプルだが，その分だけ，支持文をこまめに用いる効果も期待できる。たとえば，この②の理由を単に①と並列のものとして置くことも可能だが，それだと相互の関係はないという構えになる。それに対して，①だけでは本当の意味での休息にならないという流れで②を導入するなら，そこではすでに①と②が関係づけられた，つまり“つながり”を持ったものとして書かれることになる（後ろでまた触れる）。読み手の受ける印象はかなり大きく変わる。また，②の文脈での休息が取れないと，うつ病など心的な病気になる可能性が高くなるといった因果関係についても触れたくなるかもしれない。内容が専門的になってくるので文献等の参照を挙げたいが，書くこと自体はかまわない。

　3つ目の理由は様々に可能だが，ここでは例として，眠っている間に得られる積極的な効果について書くことにする。調べてみると，睡眠中には，成長ホルモンが分泌されるほか，血液やリンパ液が再生されるといった説明がある——これについても文献等の参照を挙げたい。それらは，睡眠をとらないと様々な支障が生じるという側面とは違って，**睡眠を取ることによって積極的な効果が生じるという側面**である。そう考えれば，③は睡眠の積極的理由と言うことができる。そのことを具体的に

述べる文も，それらが新たな生命力なのだと結論的に述べる文も効果的だろう。文章の最後となるパラグラフでもあるので，最後に結論文として置いても締まりがよい。

③　積極的理由

成長ホルモン分泌，血液・リンパ液の再生　→　新たな生命力

上でも触れたが，まったく別の例，たとえば，生活のリズム効果のようなことを取り上げて，活動→休止→活動→休止→……，がリズムを生んで良い効果をもたらすといった内容にすることももちろん可能である。

■パラグラフの確認

以上のようなことを踏まえ，筆者の書いてみた文章を掲げてみる。字数は1000字弱といったところである。最初にリード文的なパラグラフを置いたので，全部で４つのパラグラフとなった。

··········【解答例】··········

人はなぜ眠らなければならないか？

人間は睡眠を取らないと生きていくことができない。その理由を３つの観点から述べることができる。すなわち，第１に身体的・物理的理由，第２に心理的・精神的理由，第３にその他の積極的理由，である。

まず，人間は，活動し続ける限り疲労が蓄積する。活動を休止して疲労を取り除かなければ，いずれ活動自体ができなくなってしまう。何もしなければ疲労しないかというとそうではなく，姿勢の維持一つにも多

くの筋肉や神経系が働いているため，活動自体の休止が必要である。睡眠を取ることで，身体の全体を休ませることができ，その間に疲労を取り除くことができる。

　とはいえ，身体的な疲労の回復だけが目的なら，体を横たえて目をつぶり，静かに休んでいれば睡眠同様の効果が得られるのではないか？とも考えたくなる。しかし，私たちの脳もまた休息を必要としており，脳が休めるか否かで決定的な違いが生じる。生命維持のための脳の働きは人間が生きている限り止まることがないが，五感の働きや思考の作用などは睡眠によってかなり抑えることができる。脳自体が休息することで，活動中にさらされた様々なストレスを低め，除去する効果が生じる。さらには，活動によって加わったり変更させられたりした大小の記憶もある。脳が他の働きを休んでいる間に記憶を整理し，不要な記憶を忘却するなどして活動再開に備えることも必要となる。ストレスを忘れ，記憶を整理することは，心理的・精神的な疲労を取り除く，睡眠の重要な効果である。これができないと，心的疾病の危険性が高くなる(*)。

　以上2点は，眠らないと不都合が出るという意味での睡眠の必要性だったが，もう1つ，眠ることで期待される積極的な効果もある。睡眠中には，成長ホルモンが分泌されたり，新しい血液やリンパ液が生産されることが知られている(**)。これによって，若い人では身体の成長が，年配の人でも新陳代謝が促進され，また抵抗力や免疫力が高められる。これらは，眠っている間に新たな生命力が産み出されるということであり，睡眠が人間にとっていかに重要なものであるかを示している。

　(*)(**) 要出典（ここでは略）

　全体の内容もさることながら，パラグラフという"まとまり"と，そ

の内部的な "つながり" を確認するように読んでもらえたらと思う。内部構造を意識してもらうために，理由を書いたパラグラフで中心文と結論文に下線を引いてみた（中心文には波線を，結論文には二重線を付した）。その背景事情を多少説明すると，パラグラフの最初に中心文が来て後ろに支持文が展開されるのは，新聞記事のような逆三角形型の文章が典型である。この課題文のように，短いとはいえ，**根拠を挙げながら何かを論証しようとするタイプの文章では後ろが重くなり，前に中心文，後ろに結論文という展開になりやすい**。付け加えて言えば，日本語で書く場合，終わりにそれなりの重さを持たせないと，どうも "締まりがない" ような気がしてしまい，結論文を置くとどこか安心するといった面もあるように思う。

　"つながり" と "まとまり" は入れ子のように連鎖するものだった。**ではパラグラフ同士の間の "つながり" はどうだろう？**　この課題のように「理由を述べる」場合だと，どうしても理由をいくつか羅列することになりやすい。理由が３つなら３つそれぞれにあるのだから，羅列して構わないとも言える。しかし，それらが共通して１つのことに対する理由であるのなら，何らかの関係を見出すこともできそうである。

　上の解答例には，そうした "つながり" を仕込んでみた。第２パラグラフ[2]の理由①に対するいわば仮想反論として，「とはいえ……。しかし……」という展開から「脳の休息」を導く流れにした。これによって**理由①と理由②は互いに関連のあるものとして述べられた**ことになる。また，理由①と②がともに，眠らないと不都合が生じるという意味で "消極的" な必要性だったのに対し，理由③を，"生きる力" が生成されるという積極的な必要性として対置する書き方にした（¶.4 第１文）。これによって，**理由①②対③という対立的な図式が持ち込まれた**ことに

2　欧米の言語では，パラグラフを表す専用の記号がある。¶ というのがそれで，アルファベットの p を左右逆にしたデザインである。「第１パラグラフ」なら「¶.1」のように略記する。これも，パラグラフがライティングの基本単位ととらえられていることの表れと言える。

なる。ちょっとした工夫によって，3つの"まとまり"の間に"つながり"が生まれる。こうした注意が行き届いているのといないのでは，読み手の印象もかなり変わってくると思う。

　まずはとにかく，パラグラフで書くという書き方をイメージできるようになってほしい。それがいわば，書き進めるときの"枠"のようになるので，そこに考えを当てはめていくことで文章の流れも作りやすくなる。ぜひ機会をとらえて実践していただきたい。

参照文献

滝浦真人（2021）『改訂版　日本語リテラシー』放送大学教育振興会

11 | アカデミック・ライティングの基礎⑥：文を書く・自己添削する

滝浦真人

《**目標＆ポイント**》　一読してわかる文章を目指すなら，読者を混乱させたり誤った理解に導く文は避けなければならない。相手を誤読させる要因を考え，それを回避するチェックポイントを用意しておくことで，自分の文章を自分で添削できることを理解する。

《**キーワード**》　自己添削，文と内容，助詞に注意

1. 1文の適正な長さ？

　前章では文章を構成する単位としてのパラグラフに着目したが，そのパラグラフもまた，より小さな"まとまり"である「文」の"つながり"から成り立っていた。本章では，**文章を構成する最も小さな単位と**（一応）呼ぶことのできる「**文**」に焦点を当てて，文の内容と表現がほどよく合致して書き手の意図したとおり読み手に受け取ってもらえるためには何が必要か，実践的に考えたい。

　1文の長さはどのくらいが適正ですか？との質問をよく受ける。実際，文章を書きながら悩む人も多いだろう。文の長さが気になるのはもっともなことと言うべきで，1文が長すぎると内容が絞りにくくなって要領を得なくなり，反対に1文が短すぎても，内容が細切れになって重点がわかりにくくなるからである。つまり，文は長すぎても短すぎても具合が悪いことに，書き手はよく気がついている。

では，1文の適正な長さについて答えが出せれば，内容と表現が自ずと合致して悩みも解消するだろうか？　そう言えればそんな幸福なことはないのだが，残念ながらそうはいかない。まず，無条件に「適正な」長さを答えるということ自体に無理がある。前章に掲げた図10‒1を思い出してほしい。"まとまり" と "つながり" は入れ子のように続いていた。そこでたとえば，パラグラフがいくつかつながって大きな文章になるような場合と，1つのパラグラフがすでに完結した文章の全体で，それがいくつかの文からできているような場合を思い描いてみてほしい。1文の長さは，前者で長く，後者で短い傾向になると予想されないだろうか。言い換えれば，**全体のサイズによって，単位の意識も変わってくる**[1]。

　このことを実際の例で感じてもらいたい。次に掲げるのは，筆者が以前，別科目の印刷教材に「まえがき」の書き出しとして書いた1つのパラグラフである。

　　「○△力」という言い方を何かにつけて聞くようになった。「コミュニケーション力」もその典型的な1つだろう。だがこの「○△力」には落とし穴があって，結果として首尾よく「○△」ができた人は「○△力がある」と言われるが，ではその「○△力がある」とはどのような状態のことなのかと考えると，じつは何もわからない。
　　（滝浦・大橋『日本語とコミュニケーション』2015：まえがき，p. 3）

　第1文，第2文は，それぞれ27字，25字と短い。ところが，第3文になると突然長くなって，98字もある。ではこんなにバランスが悪く，突

1　『日本語リテラシー』第14章注2で，「単純な文で50字ほど，単純な文の組み合わさった複雑な文で100字程度」と書いたが，それは全体のサイズを授業のレポートぐらいに想定しての話である。また，本書前章で例として書いた文章「人はなぜ眠らなければならないか？」では，約870字を19の文で構成しており，1文当たりの平均が約46字となる。

然長い文が出てくる文章は悪文だと言われたとしたら，それはまったくそうかもしれないと思いつつも，ちょっと待ってほしいと言いたくなる。書き手としては，第3文が長いことは承知していた。わかった上でそのままにしたのは，この文章にはまだまだ先があるからである。

　分量でいうと，このパラグラフは文章全体の8分の1ほどになる。パラグラフとしての意味は，

　　「○△力」という言い方は要注意で，「○△力」があるとはどういう
　　ことかがわからないまま独り歩きする。

といったことになろう。それを受けて，「○△力」を云々（うんぬん）する前に，そもそも「○△」とはどのようなものなのかをじっくり見てみたい，という趣旨説明が書かれる。書き手として伝えたいのは本の趣旨説明である。それを導くための導入（"枕"）として上のパラグラフを書いた。導入では，読者に「なるほど」と思ってほしい。しかし導入だから，「それで？」と次を読みたい気分にもなってほしい。そういう意味では，そこの内容は把握してほしいが，あまりその場に立ち止まってほしくはない。それで，文を長くして，長いけれども"まとまり"としては1つだから，それをつかんで次に進んでほしい，という気持ちで書いた。

■「一文一義」という考え方
　以上は書き手の心理の話である。しかし書き手がどんなに"計算"しようとも，どんなに願おうとも，読み手がどう思うかは保証のかぎりでない。そこで，読み手の誤解を防ぎ，書き手の意図を正確に受け取ってもらえるよう，**それぞれの文を誤解の余地がない意味に対応させて書く**べきだとの考え方が出てくる。たとえば，「**一文一義**」がそれである

——宇佐美寛の用語で，宇佐美（2003）などを参照されたい。

　たとえば，上の例の第3文なら，「○△力」には落とし穴があるということ，「○△力がある」とは結果に対して言われる言葉だということ，「○△力がある」ことの内実がわからないということ，の少なくとも3つの内容を含んでいるだろう。であれば，それらを一つ一つの文に対応させて分けて書けということになる。では，3つに分ければ十分だろうか？　もっと分けることはできないだろうか？　一応筆者なりに，それ以上分けると意味のまとまりが保てないという基準で，最も小さく分けて並べてみたのが次である。

　　「○△力」という言い方がある。
　　何かにつけてそれを聞くようになった。
　　「コミュニケーション力」という言い方もある。
　　それは「○△力」の典型的な1つである。
　　「○△力」という言い方には落とし穴がある。
　　結果として首尾よく「○△」ができた人がいる。
　　その人は「○△力がある」と言われる。
　　「○△力がある」とはどのような状態のことなのか？
　　じつは何もわからない。

　今度は9つの文になった。わかりやすいだろうか？　そうとは言えないだろう。それは，これだと9つの要素がただ置かれているだけので，全体がどのようなつながりになるかわからないからである。そう，**要素は"つながり"によってはじめて"まとまり"となる**。ではそうなるように，個々の文を可能なかぎり接続語でつないだり表現を呼応させたりして，1つのパラグラフに戻してみよう。

「○△力」という言い方がある。何かにつけてそれを聞くようになった。そして，「コミュニケーション力」という言い方もある。それは「○△力」の典型的な1つである。ところで，「○△力」という言い方には落とし穴がある。例えば，結果として首尾よく「○△」ができた人がいる（とする）。すると，その人は「○△力がある」と言われる。しかし，「○△力がある」とはどのような状態のことなのか？　じつは何もわからない。

　どうだろうか？　文章の論理を追うという意味では，一つ一つの事柄をまず置いて，それがどうなのかを述べ，次の何かが導入され，前のものと関係づけられ……，という具合に進んでいくため，この部分で読み手が誤解したり躓いたりする心配はだいぶ減るだろう。一文一義の効果はたしかにあるし，文章を書く練習としても，一度このレベルにまで降りてみて，**最小の単位とその接続という形での文章作法を体感してみる**ことは試してみる価値があると思う。

　他方で，この書き直したパラグラフを読んで，先の引用と比べて何か気づくことはないだろうか？　筆者の感覚としては，後者では**論の動きが多くて，流れを追うのが忙しい**ように思える。もし，書きたい文章がこれで全部だとしたら，丁寧に継がれた論から最後の結論が導き出される流れもこれでいいだろう。しかし，**これが"枕"となって全体の趣旨説明を導くという大きな展開を考えるなら，"枕"の内部でこれだけ細かな動きを追わされた読み手は，次に行く前にだいぶ労力を使ってしまう**ことになる。先に，適正な文の大きさは文章全体のサイズによっても変わると書いたのはこういう事情だった。

　各部分を正確に読んでもらうためには「一文一義」は有効である。一方，文章の全体を書き手が意図したとおりに読んでもらうという観点で

は，ただ文を短く分ければいいとは言えない。**細部の誤解は減っても，全体として何が言いたいのかという大づかみの話を見失ってしまう可能性がある**からである。そうしたことを考慮して，筆者としては「1つの文に1つの内容」という言い方をしたい。文の形の名称として，主語—述語が1セットの文を単文，2セットある文を複文や重文と呼ぶが，なぜ複文や重文といった複雑な形をわざわざ使うかというと，**形は複雑になっても内容としては流れの中で1つと理解してほしい**からである。単文で50字として複文で倍の100字になるとしても，必要であれば使ってかまわない。基準は，それが内容的にも1つの事柄だと説明できるかどうか？ということに尽きる。先の引用第3文の内容は，パラグラフ全体の内容とほとんど同じことになるが，

> しかし「○△力」は，結果をそう呼ぶだけで内実がよくわからないから要注意である。

という内容（＝理由づけの結論）を述べたもの，と説明したい。ではなぜそう書かなかったのかといえば，いきなりそれだけ言われても，読む側としてはわからないだろうと思われたからである。あえて具体の次元に降りて問いかけることにした。

2. わかる文を書こう

　文はそれぞれ文法に則って作られた形を持っている。しかし，それが誤っていたり解釈が複数可能だったり，手間がかかったりすると，当然読み手は書き手の意図を正しく理解することができない。話し言葉なら文法に迷うことのほとんどない母語話者でも，書き言葉になると途端に文法意識が揺らぎ始めるようで，**書き言葉では，文法にかなった文であ**

るか否か？という基準がかなり現実の問題となっている。裏を返していえば，**文章を書くときには，話すときよりもはるかに文法を意識する必要がある。**

　書き言葉全般とアカデミック・ライティングに質的な違いがあるとは思わないが，学術的な文章になるほど表れやすい現象というのはあるように感じている。具体的には，

・主語なし文
・ねじれ文

で，得てしてこれらは，

・長すぎる１文

で問題になりやすい。あらかじめ確認しておくと，**日本語は，言わなくてもわかる主語は言わないことを好む言語である。**バス停でバスを待っている人が発する文としては，「あ，バスが来た！」よりも「あ，来た！」の方が自然である。小説やエッセイなどでもこの傾向は保たれ，行間を読むようなこうした解釈プロセスが好まれる。一方，客観的な文章，とりわけ**学術的な文章が最も大きく異なるのはこの点で，読み手に行間を読ませることはしないのが基本**となる。

■自己添削：主語なし文

　主語なし文は，この点と最も直接的に関わる。学生のレポートや卒論（ときに大学院の修論などでも）意外に多く見かける。例を挙げよう。個人情報の問題もあるので，以下はすべて作例とする。疑問の余地ある

文ということで，文頭に？印を付す。

(1) ？超高齢社会にあって，従来型の社会保障の考え方では通用しない。

言いたいことは十分わかる。話し言葉なら，「超高齢社会では，今まで
の社会保障の考え方では通用しないんだってよ」と言えてしまうところ
だし，「……では通用しない」という表現も文法的に誤っているとは言
えない。しかし，堅めの書き言葉として読むと，文としての落ち着きが
悪く，"浮いて"いる印象となってしまう。
　その原因は，**この文に主語がないこと**にある。客観的な文章では，一
つ一つの文が何について述べているかを明確にすることが望ましい。主
語を書くということは，それと意味的にも形式的にも呼応した述語を書
くことになるため，"何について，どうだ"と言っているかが読み手に
も明らかとなる。「従来型の社会保障」を主語だと考えるなら，それを
助詞「が」で導いてから，うまく対応する述語につなげたい。たとえば
(1′)のように。

(1′)　超高齢社会にあって，従来型の社会保障の考え方が有効性を失い
　つつある。

あるいは，もう少し変えてよければ，「……では通用しない」ような何
かが進行していると考えて，文をさらに拡張することもできる。(1″)
はどうだろう。

(1″)　超高齢社会が進むにつれて，従来型の社会保障の考え方では処理
　できない問題が顕在化してきている。

この場合，「問題が顕在化してきた」という部分が文の主述部であることになる。(1)(1′)(1″)の順で内容の明確さが増していくように感じられることと思うが，じつは，(1)にはなかった主述構造が(1′)には現れており，さらに(1″)では，複文の前半と後半の両方に主述構造が現れている。書き言葉のわかりやすさが主述構造と結びついていることがよくわかるだろう。

　タイプの違う例を1つ挙げよう。**日本語では文末表現が悩みの種**になりやすい。同じ形（たとえば「である」）が続くと単調だし，異なったバリエーションを使うには様々な呼応などに注意しなければならない。不思議な感じもするのだが，(2)のような主語なし文も意外に見かける。

(2)　?サイバー犯罪の急増に対応した捜査体制の充実が急務であるとしている。

想像するに，「……と言われている」「……とされている」といった**緩い伝聞表現**を使いたいと思ったときに——なんとなく使うことはお勧めできないが——，受身形「されて」が能動形「して」に置き換わってしまった形が浮かぶのだろうか。しかし，「としている」なら，そのように言っている主体が誰なのかを示さなければならない。たとえば，

(2′)　今年の『警察白書』で警察庁は，サイバー犯罪の急増に対応した捜査体制の充実が急務であるとしている。

のようにするなら文の形が整うことになる（内容は筆者の作文）。

■自己添削：ねじれ文

　ねじれ文とは，**文の主語と述語が呼応していない文**のことをいう。「……は」で文を始めたとき，書くうちに話が少しずつ逸れていって，しまいには書き出しの「……は」と噛み合わない形で終わってしまうケースが多い[2]。たとえば，次のような例は，文を先の方までコントロールする力が弱い子どもの作文という印象を与える。

(3) ?ぼくは，遠足でいろんなところに行けるのが好きなので，学校でいちばん楽しいです。

　これも，話し言葉なら勢いで許容されそうだが，書いたものを読むと「遠足」という言葉に文法的な働きをさせすぎていることがわかる。後半を「遠足が学校でいちばん楽しいです」と直すように言われるだろう。
　大人の文章でもよく見るねじれ文は，「Xは……Yだ」のXのところに抽象的な名詞が置かれていてYが「……ことだ・ものだ」となるべきところで「ことだ・ものだ」が落ちてしまうケースである。

(4) ?パーク・レンジャーの役割は，国立公園などで自然環境を保護したり，訪れる人に自然解説をする。

　「……役割は」と呼応する形だから，後ろが「……をすることである」となればよい。(4) などは短い文だが，「……は」との関わりで言えば，「……は」の文は容易に長くなるため，いつの間にか書き出しの形が忘れられて述語と呼応しない形になりやすい。

2　正確には，むしろ，助詞「は」の示すものが「主語」ではなく「主題」であって，文法的なつながりに関わりなく後ろに情報を展開しやすいことに起因する。**「は」の融通が効きすぎるために引き起こされる"行き過ぎ"の現象**と言ってもよい。後ろの文例 (7) も見てほしい。「は」のそうした働きについて，『日本語リテラシー』第7章で解説しておいた。

(5)　?プリン体が多い食物は，鶏や豚などのレバー類，イワシ・エビ・カツオといった魚介類，他ではビールに多く含まれていることが知られている。

　この（5）などは，「食物は，……魚介類で」といったん「で」で流れを切ってしまえば問題がないところ，切らずにそのままつなげてしまうと，「プリン体が多い食物は，……多く含まれていることが知られている」となって冗語法のようになってしまう。
　学術的な文章の例としては，先行研究に言及するとき，「滝浦（2005）」のような書き方と述語の形が合わないケースをよく見る。

(6)　?滝浦（2005）では，日本における敬語研究の学説に2つの系統があると述べている。

　これは，文献の略記法とも関連して，「滝浦（2005）」を「滝浦」という人名として見るか「滝浦が2005年に発表した研究」と見るかによって，述語の形が変わってくることの影響である。もし人名と見るならば，述語はこのままでよいが，書き出しが「滝浦（2005）は」となって後ろの「述べている」と呼応するのでなければならない。一方，発表された研究と見るならば，書き出しはこのままの「滝浦（2005）では」でいいが，述語がこのままでは呼応せず，「述べられている」「されている」と受身形にするのがよいだろう。些細なことではあるが，読み手は主述が呼応していない文が気になるものなので，気をつけたい。

■自己添削：長すぎる文──便利すぎる「は」に注意
　主語なし文もねじれ文も，1文が長くなるにつれて生じやすい点で共

通する。そして，**長すぎる1文は，内容的にいくつのことを述べているのかわからなくなりやすいので**，よくよく注意が必要である。

　長すぎる1文は，よく練れていない論文の草稿などにしばしば表れる。読み手からすると明らかに長すぎると思われるものが，書き手はあまり気づいていないことが多い。全体との関係で，長くても1つの内容と言えればよいが，そうでない場合には，**書き手が内容に応じて文を分けることができずに1つの文になっている可能性**がある。分けたくなくて1つになっているのではなく，どう分けたらよいかわからなくて1つのままになっているということである。例を挙げよう。

(7)　?日本語の起源は，これまであらゆる説明がなされてきたが，観点や方法の異なる比較は，まとめようとしてもうまくまとまらないし，ヨーロッパの言語で作られた比較方法が問題なら，独自の方法論を真剣に検討して日本語の起源の解明に向けて進む時期に来ている。

　書き手が言いたいことを想像することは十分できる。日本語の起源を探る試みは多くなされてきたが，いろいろ問題があってうまくいっていない（から何とかしたい），ということだろう。では，（何とかできるかどうかはともかく，）これは内容として1つだろうか？　"うまくいっていない"ことが述べたいことだというのなら，それでもいいだろう。しかし書き手は，そのことを何とかしたいと考えるからこの文章を書き始めたはずである。だとすれば，その"何が問題なのか"という視点が込められているのではないだろうか？　そう思って改めて見ると，**2つの異なる話が混在している**ことがわかる。これまでの研究が観点や方法論の点で不統一であるためにうまく整理できないという話が1つ。そしてもう1つ，言語間で比較をする方法がもともとヨーロッパの言語のため

に作られたものだから，そもそも日本語に合わない可能性があるのではないか？という話である。ならばそれらを分け，この2つをそれぞれ1文で書くことを考えるべきである。

（7′）　日本語の起源を説明しようとする試みはこれまで数多くなされてきた。しかし，それぞれの観点や方法論が異なっているために，全体を整理することが難しい。また，ヨーロッパの言語を説明するために作られた比較方法を日本語にそのまま適用することの適否もあり，日本語の起源を解明するための方法論を検討するべきである。

　全体にかかるリード文でまず切る形にしたので，全部で3つの文になった。第1文について，気づいてもらえただろうか？　冒頭にあった「日本語の起源は」の「は」をやめた。その文を独立させたので「……試みはこれまで数多く」のところに「は」を使ったが，要は，**全体にルーズにかかる「は」を控えて，各部分が自立できる形で書く**ようにした。（7′）の第2文でも，元の（7）にあった「……異なる比較は」の「は」をやめて，原因と結果の文とした。**「は」を使うたびに新たな話題を置くような格好になるため，使いすぎると話が拡散してしまう。**（7′）の第3文は，元の文の表現が舌足らずだったのを補った。こうしてみると，「は」が引き起こす問題の多さに気づかされる。実のところ，「ねじれ文」の（3）以降の例にはすべて「は」が関係していた。

　気づきにくいかもしれないが，この最後の文で最も大きな変更は，冒頭に接続語「また」を加えたことである。接続語を置くことによって，述べたい2つの事柄がどういう関係にあるかがはじめて明示される。最も適切なのは何かと考え，「また」を選んだ。じつはこのことは，**書いた文章の自己添削・自己評価という観点**で意味があると考えている。「ま

た」という接続語は要素を並列する働きをするが，並列というのは文字どおり"並べるだけ"ということでもある。順接や逆接，因果関係といった"強い"接続に比べると，"一応関係はある（と考えています）"という程度の**"弱い"接続語**と言うべきだろう。ポイントはここで，接続語を選んでみて**弱い接続しかできなかった場合，そこに置かれた2つの事柄相互の関係がそもそも弱かったことが原因である**[3]。それはすなわち，書こうと思った2つの事柄が，じつはあまり関係の近くない別個の話だったということを，自分自身で見つけられることを意味する。これは大きな利点ではないだろうか？

　まずはとにかく，自分が書いた文を読み返してみてほしい。**何かが長すぎて読みにくい？と思ったら，面倒がらずに文を分けることを考えて**ほしい。そして，その方法はただ1つ，**いくつの内容が含まれているかをよく検討して，それと同じ数の文に分ける**ことである。ここで大事なのは，これが文の体裁の話ではないということであって，**内容に対応して文を分けることが，そのまま"1つの文に1つの内容"の実践である**ため，読み手も書き手の頭の中にある全体像を思い描きやすいということである。つまりこれも，**表現と内容の合致**という**目的**にかなう。

■付．接続

　文章の"まとまり"にとって，"つながり"は**生命線**である。つながれていない要素は，ただ雑多に置かれた"石"でしかない。とりわけ，客観的な文章では，読み手が論をたどって行けるかどうかが肝要だから，要素がきちんとつながれていることの重要性は高い。いま最後に見た箇所でも，接続語を検討することがすなわち，自分の文章の論理構成をチェックする意味を持っていた。慣れるまではとにかく，

---

[3]　接続語の候補としては，もう少し"強い"語である「さらに」や「その上」を考えることもできる。ただし，それらを使いさえすれば「添加」の意味合いが実質を伴って表現されるというわけではない。

"１つの文に１つの内容"　＋　"文と文の接続"

という２点をつねに意識し実践することをお勧めしたい。

　具体的な話については，『日本語リテラシー』で，接続としての論理（第５章，第６章）と，推論としての論理（第10章，第11章）について解説してある。とくに接続語に関しては，論理とはまずもって接続であると喝破した野矢茂樹の一連のテキスト（野矢 2001, 2006）も勉強してみてほしい。

参照文献

宇佐美寛（2003）『新版 論理的思考─論説文の読み書きにおいて─』メヂカルフレンド社

滝浦真人（2021）『改訂版　日本語リテラシー』放送大学教育振興会

野矢茂樹（2001）『論理トレーニング101題』産業図書

野矢茂樹（2006）『新版 論理トレーニング』産業図書

12 | 学問分野と文章②：自然科学を書く

安池智一

《**目標＆ポイント**》 自然科学の文章に求められるのは，平易かつ正確な情報
伝達である。この観点から，問題を適切に解くための分割によって得られた
小部分を単位としたパラグラフ・ライティングが有用であることを学ぶ。
《**キーワード**》 フェルミ推定，パラグラフ，レゲットの樹，図表と式の扱い

---

1. 自然科学の特徴と論文のスタイル

（1） 論文のスタイルは方法論や研究活動の特徴に依存する

　本章の目的は，自然科学に関するアカデミック・ライティングの技法，
すなわち自然科学分野の論文を書く上での基本的なスタイルとその実践
法を紹介することにある。ここでの前提は，ライティングの技法が分野
ごとに異なるということである。"読み手のことを考えてわかりやすく"
といった心構えに分野ごとの違いがあるはずはないが，それぞれに固有
のスタイルはたしかに存在する。学問分野ごとに固有な論文のスタイル
があるとすれば，それはそれぞれの学問が寄って立つ方法論を含む，そ
の研究活動に個性があるからだろう。このように考えると，自然科学の
論文のスタイルの習得において，その方法論や研究活動についての基本
的な理解は重要な1つの要素ということになる。

（2） デカルトの4つの規則

　古代，自然科学は哲学の一分野で自然哲学と呼ばれていた。このこと

は，今なお自然科学分野においても博士号を PhD（Philosophiae
Doctor，哲学博士）と称する場合があることに名残を残している。一
方で，17世紀を画期とする近代科学の成立時において，自然科学諸分野
の方法論は，それ以外の分野と趣を異にすることとなった。その１つの
きっかけはデカルト[1]の「方法序説」（1637年）に示された理性を正し
く導くための４つの規則である。

デカルトの４つの規則（1637年）

明証の規則　明証的に真であると認めた上でなくては，いかなるものを
　　も真として受け入れないこと。いいかえれば，注意深く速断と偏見
　　とを避けること。そして，極めて明晰にかつ判然としたもの以外，
　　何ものも判断に取り入れないこと。

分割の規則　吟味しようとする問題の各々を，できるかぎり多くの，し
　　かもその問題を最もよく解くために必要なだけの小部分に分かつこ
　　と。

順序の規則　思考を順序に従って導くこと。最も単純で最も認識しやす
　　いものから始めて，少しずつ，階段を昇るようにして最も複雑なも
　　のの認識にまで昇っていき，自然のままでは順序を持たぬものの間
　　にも順序を想定して進むこと。

枚挙の規則　何ものも見落とすことがなかったと確信しうるほどに，完
　　全な枚挙と全体にわたる通覧とを行うこと。

　もちろん，４つすべてがそろってデカルトの方法となるわけだが，特
に重要なのが"吟味する問題を最もよく解くために必要な小部分に分け
よ"という分割の規則である。そのままでは答えが明らかでない問題
——論文で問われる問いはもちろんこれに該当するはずだ——を解くに
は，容易に解ける小さな問題の集合としてとらえて対処せよということ
である。そして，ここで注目したいのは"問題を最もよく解くために必
要な小部分"という表現である。この表現には「分割の仕方によっては

1　R. Descartes（1596-1650）.

問題をうまく解くことができるが，そうでない場合にはうまく解けない」ということが含まれている。問題をうまく解くための分割には，分割の規則の観点からは**分けた小部分が解ける問題になること**，順序の規則の観点からは**小部分をつなぐ論理展開が適切になること**が要請される。

　このような問題の適切な分割に加え，明証の規則を満たす事実の確立に**実験**が採用されたことで自然哲学に定量的な議論が導入されるに至り，現在と同様の自然科学の方法論が確立したのである。

《ちょっと寄り道：デカルトの還元主義とその限界？》

　デカルトの方法論は**還元主義**と呼ばれ，部分の集合で議論できない問題もあるとの批判を受けることがある。そのときしばしば引き合いに出されるのが「荘子」にある次の挿話である。

　　"南海の帝と北海の帝が渾沌が治める中央の国で会った。このとき渾沌は彼らを手厚くもてなしたので，恩に報いるべく彼らは「人には皆，7つの穴があって，それで見て聞いて食べて息をしている。渾沌には1つも穴がない」と言って1日に1つずつ穴を開け始めた。7日目に7つ目を開けたところで渾沌はついに死んでしまった。"

　渾沌は自然の寓意であり，穴を開ける行為を人が自然を理解する行為と見て，無理やり理屈を付けても自然は理解されないと読むのである。バラバラにしてしまってはわからない問題もたしかにあるかもしれない。しかし，還元主義を超える有効な方法論は確立していないのである。自然科学分野での研究を計画する際には，面白いだけでなく，うまく分割することで解くことができそうな問いの設定を心がけるべきだろう。

（3）研究成果の相互利用

　近代科学の方法論の確立後，急速に発達したのが研究成果の相互利用である。還元主義に基づいてある問題を小部分に分けると，分割して得られた小さな問題の中には完全に解くことができるものもある。そのような完全に解かれた問題の成果は，万人が利用可能な**再現性のある普遍的な知識**として研究コミュニティに蓄積されていく。常に正しさが保証されるような知識[2]は，元来その成果が見出されたのとは異なる文脈であっても同じ状況が成立すれば，独立な論理構成のパーツとして流用が可能である。この結果，現在の自然科学は理論的整合性を持った普遍知識の蓄積によって積層的に日々発展しているのである。このような緊密かつ大規模な研究成果の相互利用も，現代の自然科学分野の研究活動の個性の一つと言ってよいだろう。

（4）自然科学分野の論文執筆における基本的な考え方

　これまで見てきた自然科学の方法論（デカルトの還元主義）と，この方法論に由来する研究成果の大規模な相互利用は，他分野と比較した際の自然科学分野における研究活動の個性であると考えられる。自然科学分野の多くの論文の書かれ方は，この個性を大きく反映したものになっているし，そうあるべきである。

　この観点に立って自然科学分野の論文に求められるスタイルの特徴を整理すると，第一にその方法論に由来して，細かく分けたパーツを単位として**論理構造が見える文章**とすること，第二に他者の利用を想定して，書かれたことに基づいた結果の再現に必要十分な内容を含み，**あいまいさのない単純な文章**とすることが挙げられる。後者は要するに特殊な修辞法を駆使する必要はないということであるから，自然科学の論文の良し悪しは結局のところ，問題をよりよく解くための分割にかかっている。

2　当然のことながら問題設定に応じてその適用限界はあり，利用者は適用可能性を十分に吟味する必要がある。

次節では，問題をよりよく分割するための技法，分割された小部分に基づいて論文を書くための技法について説明しよう。

2. いかに問題を分割し表現するか

（1）フェルミの問題分割

　問題を適切に分割すればよいとは言っても，それは必ずしも簡単なことではない。すでに研究を開始している人ならばその困難は身に染みてわかっているだろうし，研究はこれからだという人にとっては一般論としてはわかるにしても，具体的なイメージは湧かないかもしれない。そこで問題分割のヒントになるものとして紹介したいのがフェルミ推定である。一時期アメリカの企業の採用活動に使われたこともあって，どこかで名前を聞いたことがあるかもしれない。

　シカゴ大学で物理を教えたフェルミ[3]が，初学年の学生に問題をいかに解くかを教えるために尋ねた

"シカゴにピアノの調律師は何人いるか？"

という問いが有名である。この問いに答えるための正攻法は，シカゴ中の人に調律師かどうかを直接尋ねることである。しかし，そんなことをしなくても，うまく問題を分割してやれば，おおよその人数が推定できることをフェルミは教えてくれる。彼の推論の過程は以下のとおり。

シカゴにピアノの調律師は何人いるか？

■1年間に調律されるべきピアノの総数 N_p
1) シカゴの人口は300万人とする
2) シカゴでは1世帯あたりの人数が平均3人程度とする
　⇒世帯数は $\frac{300万人}{3人/世帯}$ より100万世帯

3　E. Fermi（1901-1954）.

> 3)　10世帯に１台の割合でピアノを保有しているとする
>   ⇒ピアノの総数は100万世帯×（１台/10世帯）より10万台
> 4)　ピアノ１台の調律は平均して１年に１回行うとする
>   ⇒ $N_p = 100{,}000$
> ■１人の調律師が１年間に調律できるピアノの総数 n_p
> 1)　調律師が１日に調律するピアノは３台とする
> 2)　調律師は年間に約250日働くとする
>   ⇒（３台/１日）×（250日/１年）より $n_p = 750$
> ■ピアノの調律師が余っているとも足りないとも聞かない
>   調律師の数を N_t とすると，$n_p N_t = N_p$
> $N_t = N_p / n_p = 100{,}000 / 750$ より**100人程度**が答え

　このように問題を分割することで，特に何も調べることなく肌感覚で仮定できる数値から，300万人都市にいると思われる調律師のおおよその人数が推定できてしまうのである。

　「ピアノの調律師が余っているとも足りないとも聞かない」との観察に基づいて，$n_p N_t = N_p$ の均衡に注目する所には少しセンスが要求されるかもしれない。しかし，１年間に調律されるべきピアノの総数 N_p と１人の調律師が１年間に調律できるピアノの総数 n_p を評価する際の問題の分け方は，この例に習えば比較的容易にマスターできそうに思えるのではないだろうか。そうでありながら，たとえば「シカゴにピアノが何台あるか」ととっさに聞かれても困ってしまいそうな問いに対し，たしかに1)，2)，3)と問題を分割すれば，それぞれの推定は圧倒的に容易になり，それらの推定を総合することで元の問いにも答えられるのである。これが問題を解きやすい小部分に分解するという方法論のチカラなのである[4]。

4　問題をより小さく分割することで，小問題ごとに推定の確度の濃淡が見えてくることにも注目したい。いったん暫定値によって議論を進めた後で，推定の確度の低い部分について考察を行えば，論文の議論は自然と深まりもっともらしいものになる。

（2）分割した小部分に基づいて書く

　問題を解くために分割して得られた小部分は，その分割が適切であれ
ば，十分簡潔な問いとその答えで構成されているはずである。この場合，
それらをそのまま文章で表現してやれば，自ずから論文の最小ユニット
は完成する。ここに困難はほとんどないはずである。

　もしうまく書けないとしたら，まだそのユニットには複数の絡み合っ
た因子が潜んでいると思った方がよい。「私は文章が下手だから書けな
いのだ……」などと勘違いすると，時間を無駄にすることになる。手が
止まってしまったときは，自分が書こうとしていることの論理構造を本
当に理解し尽くしているか，疑ってみた方がよい。

　論述の最小ユニットがきちんと構成できたら，それらを組み合わせて
より大きな問題を議論していくことになるが，もともと大きな問題をう
まく解くために分割して得られたユニットに基づくのだから，この作業
にも大きな困難はない。ユニットごとに独立のパラグラフを与えて文章
を構成すれば，自然と論理構造が明白になる。

（3）パラグラフ・ライティングの活用

　パラグラフを単位として論理的な文章を書くためには，第10章で学ん
だパラグラフ・ライティング（paragraph writing）が有用である。そ
の要点とご利益を改めて示しておこう。

パラグラフ・ライティングのルール
1)　パラグラフとは1つのトピックのみを含む文章の構成単位
2)　字下げによってパラグラフの開始位置を明示する
3)　パラグラフの冒頭はトピック・センテンスで始める
4)　パラグラフの残りはトピックの説明と補足で構成する
5)　必要があれば他のパラグラフとの関係を付記してもよい

　パラグラフは日本語でいえば「段落」に相当する。現在では段落のない文章の方が珍しいから，段落のある文章には慣れているだろう。しかしながら，論述を目的としていない文章の段落に上記のルールは適用されていないので，段落を見慣れているからといってパラグラフ・ライティングを理解しているとは早合点してはいけない。もしこれまで意識的にパラグラフ・ライティングを使ったことがなければ，ぜひここで上記のルールを押さえておきたい。

　最も重要なことは，**1つのパラグラフには1つのトピックしか書いてはならないこと**（ルール1）である。これにより，字下げによって可視化されたパラグラフという「かたまり」（ルール2）と論理の最小ユニットの一対一対応が保証される。これによって読み手は，書き手が伝えたかった議論の論理構造を視覚的な構造として受け取ることができるのである。

　次にパラグラフの構成法（ルール3，4）であるが，各パラグラフは，そのパラグラフにおける主張を要約したトピック・センテンスで始め，その内容を詳しく説明，補足する文（サポーティング・センテンス）で肉づけして構成されなくてはならない。このパラグラフの構成法を，コーネル大学の非線形力学を専門とする数学者ストロガッツの書いた『x はたの（も）しい――魚から無限に至る，数学再発見の旅』の文章を例にとって具体的に見てみよう。

第24章　もつれた蜘蛛の巣（ウェブ）をほどく

　昔々，まだグーグルが登場していなかった暗黒時代には，ウェブでの捜し物はストレス耐性を高めるための鍛錬のようなものだった。当時の検索エンジンが勧めるサイトは捜しているものと無関係であることがあまりに多く，ほんとうに見たいサイトは検索結果一覧のはるか下のほうに埋もれているか，まるで見つからないという有様だった。

> 　リンク解析に基づくアルゴリズムはこの問題を，禅の公案にも似た逆
> 説的洞察を使って解決した。曰く，ウェブを検索するときは，最良の
> ページに戻るべし。ところでコオロギくん，ページがよいとはどういう
> ことなのだ？　よいページとは，ほかのよいページがリンクしている
> ページのことです。
> （続く）

　第24章の冒頭の２つのパラグラフを示したもので，それぞれのトピック・センテンスが太字で示されている。最初のパラグラフのトピック・センテンスの「ウェブでの捜し物＝ストレス耐性を高めるための鍛錬」という表現は，経験した読者にとっては当時を彷彿とさせる，そうでない読者には「え，どういうこと？」と思わせる要約であり，その後に続く文は，その要約の具体的内容を説明し補足するものになっている。次のパラグラフのトピック・センテンスでは「その問題が禅の公案にも似た逆説的洞察によって解決された」と要約し，その解決法の（禅の公案のような）不思議な特徴を続く文で具体的に説明する。この後も同様にして話が進んでいく。論文のような論述に主眼がある文章の場合には，このような凝ったトピック・センテンスにする必要はないが，多少舌足らずでもパラグラフでの主張をわかりやすく言い切ることが重要である。足りない部分や具体的な内容はそれ以後で補えばよい——トピック・センテンスが具体的にはどういうことなのか，なぜそう言えるのか，先行研究にも同様な主張があるのか，それが言えることは全体の文脈でどのような意義があるのか。これらを必要に応じて説明することで正確かつ説得力のあるパラグラフに仕上げていく。

　パラグラフが「トピック・センテンス＋補足説明文」で構成されると約束されていることのメリットは，トピック・センテンスだけを抜き出してもその論理展開を追えることにある[5]。著者の主張を把握するだけ

なら，論文全体を一字一句丁寧に読む必要はない（！）ということだ。もちろんそれが重要な研究だとわかれば，じっくり読み込めばよい。先に述べたように現代の自然科学においては研究成果の相互利用が前提となっている。年間数百万報の論文が出版され，さらにはおよそ15年に2倍のスピードで増え続けている状況で，論文をパラグラフ・ライティングの技法に則って書くことは最低限の条件といってもよい。いまや誰も全体を読み込まないと論旨がつかめない論文に付き合う時間的余裕を持っていないのである。

（4）レゲットの指摘

　イギリス出身の物理学者のレゲットは，日本滞在中に京都大学の理論物理学刊行会刊行の雑誌 Progress of Theoretical Physics の Language Consultant として日本人の書く英語論文に数多く触れた経験から，日本物理学会誌に "Notes on the Writing of Scientific English for Japanese Physicists" という記事[6]を寄せている。これは科学英語についてのアドバイスであるが，日本語で書くうえでも参考になる多くの示唆を含んでいるので，彼の指摘を少し紹介しよう。

　図12-1はレゲットの樹として知られるもので，日本人および欧米人の文章における論理展開の構造を比較したものである。左から右へ進むことが文章を読み進めることに対応する。日本人の文章はしばしば(A)，欧米人の典型的な文章は(B)のような構造を持つという。この樹が1つのパラグラフだとすると，(A)では中心にあるべき幹（トピック・センテンス）への言及がない状態で，補足的なことがらをあれこれ紹介する傾向があり，最終的にはパラグラフの主題に関連づけられるにしても，最後

5　パラグラフ・ライティングは19世紀後半に A. Bain（1818-1903）によって提案された比較的新しいライティング技法。簡単なルールに基づいて情報伝達を効率化できる特徴が，様々な出自の人たちの間で知識を共有する必要のあったアメリカで広まり，その後世界的なスタンダードとなった。
6　Anthony J. Leggett, 日本物理学会誌 **21**（1966）790.

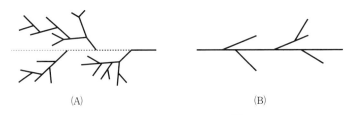

(A)

(B)

図12-1　レゲットの樹

まで読まないとそれがわからないということである。かたや(B)は幹は最初に示され，ときどき補足情報の提示のために脇道にそれる程度の枝しか生えていない。極力脇道に逸れないようにし，構造が見えにくくなる場合には脚注に押し込む方がよいとされる。基本的にはパラグラフ・ライティングのルールに従って冒頭にトピック・センテンスを置くことで解決される問題であるが，**トピック・センテンスに続く説明においても(A)のような説明にならないよう留意すべき**である。

　文章は一次元的なつながりしか持てないので，**どのような一筆書きをするかによって，論理がうまく流れる場合とそうならない場合がある**。自分で読み返してみて少しでも読みにくいと思ったら違う順序を検討してみた方がよい。基本的には，**既知の情報から未知の情報へとつないでいく**とうまくいくことが多い。

3. テクニカルな側面

(1) 論文のフォーマット

　自然科学の多くの分野で論文のフォーマットはほぼ共通している。以下にその一例を示し，それぞれの項目で留意すべきことを付記しておく。それぞれの項目は，卒業研究報告書／修士論文／博士論文であれば章，一般的な投稿論文なら節，短報の場合はパラグラフとして書くことが多

い。

■　要旨

論文全体の要旨を冒頭に付ける。つまり，研究目的は何か，どんな方法で何をして何がわかったか，得られた結果はどのようなものか，そしてその結果から研究目的に対応してどのようなことが結論づけられるか，これらすべてを簡潔に示す[7]。

■　序論（研究の背景と目的）

以降で示していく実際に行った研究が（大げさに言えば）我々が持っている知識の総体のどこに位置づけられるかを示し，どのような観点からその研究が必要であるかを論じる。同じ研究内容であっても，どのような観点で位置づけるかによってその論文の持つ意味，そしてある場合には価値さえも変わりうる。

■　方法

自然科学分野の論文には，そこに記載された**結果の再現性**が求められる。その意味で，方法に書かれた手順に従うだけで同じ結果が得られるよう十分な情報の記述が求められる。

■　結果と議論

結果と議論を別々に分けて記載することもあるが，「議論」を読みながら必要のたびに「結果」を見返すのは煩雑になりやすい。このため結果と議論をまとめて1つの項目として記載することも多い。一方で，そもそもこれらを分けるべきとの考え方があるのは，得られた事実と議論に含まれる判断は峻別されなくてはならないからである。したがって，結果と議論の形式をとる場合は特に**事実と判断の区別**が明確になるように書かなくてはならない。

■　結論

7　なぜかここに研究背景を書いてしまう人がいるので注意したい。

「結果と議論」の記述を踏まえて，序論に示した研究背景および目的と呼応する形で研究の成果をまとめる[8]。

（2）図表や式の使用とルール

定量的な議論をするために図表や数式を用いることも，自然科学分野の論文の大きな特徴である。これらの使用に関する基本的なルールを以下にまとめておこう。ただし，投稿論文の場合は，雑誌ごとにルールは異なるので，投稿規程をよく読んで対応する。

■　共通のルール
図・表・数式にはそれぞれに通し番号を付ける。
■　図
図の下に「図番号．タイトル　説明文」からなるキャプションを付ける。たとえば以下のようなものである。

図1．孤立分子の光励起ダイナミクス　それぞれの電子状態で平衡構造は互いに異なっているとする（$R_{eq}^g \neq R_{eq}^e$）。青い実線の矢印は共鳴遷移を，赤い実線の矢印は非共鳴励起に伴う誘導ラマン散乱を示す。

本文を読まなくても図の内容がわかるように詳しく説明する。近い分野の研究者は，論文の「要旨」，図表（およびキャプション）と「結論」だけから論文の内容をつかむ。彼らに読んでもらうことが大事である。
■　表
図と同様であるが，キャプションは表の上に付けることが多い。
■　数式
原則として変数はイタリック，定数は立体で示す。また，数式もあく

8　序論に答えないで終わってしまう人がいるが，論文が何のために書かれるかを考えると，目的がどこまで達成されたかを明示しなくてはその機能を果たせない。

まで文の構成要素と考えて句読点の位置を考えることに注意。この観点からは次の例は式が宙ぶらりんになってしまうので誤り。

以上のことから，次式が成立することがわかる。

$$\Psi_e(t) = i\pi \sum_v \langle \psi_e, v | \mu | \psi_g, 0 \rangle E(\omega_{ev,\,g0}) | \psi_e, v \rangle \exp(iE_v t)$$

4. TEX のススメ

（1）TEX とは何か

　以上見てきたように，自然科学分野の論文には，論理構造に基づいた構造化，図表や数式の多用といった特徴がある。このような特徴を持つ文章を効率よく書くためのツールとして TEX がある[9]。たとえば，

$$a'_i b'_j = \sum_k^n R_{ik} a_k \sum_l^n R_{jl} b_l = \sum_{k,l}^n R_{ik} (ab)_{kl} R_{jl} \tag{12.1}$$

のような数式を通常のワープロの数式エディタで入力するのは絶望的に面倒であるが，TEX ではソースファイルに

```
\begin{align}
a'_ib'_j = \sum_{k}^n R_{ik} a_{k} \sum_{l}^n R_{jl} b_l
= \sum_{k,l}^n R_{ik} (ab)_{kl} R_{jl} \label{tensor}
\end{align}
```

と入力しておけば，コンパイルによって式（12.1）のように出力してくれる。また，通し番号が自動的に付与されるのも便利である。文中で式を参照したい場合は，上記のように \label{tensor} としてラベルを付けておけば，式（\ref{tensor}）とすることで"式（12.1）"として参照が可能である。論文を書き進めていくうちに，数式の位置や順序を変えたくなることもある。通常のワープロであれば通し番号の付け直しが必要

9　テフもしくはテックと読む。

となるが，TEX では TEX がやってくれる。参照関係はラベルを通じて行われるため，何ら手を加える必要はない。

　TEX を使うもう一つのメリットは，自然と構造化された文章を構成しやすいことである。ソースファイルにおいて，章，節，小節などの文章の構成単位は \chapter{XX}，\section{YY}，\subsection{ZZ} で明示的に区切ることになっているが，これによって書き手は今どの階層の文章を書いているのかを常に意識することになる。TEX は構造化された文章を書くための補助ツールとしても有効だと言えよう。

（2）試してみよう

　TEX は便利なツールだが，処理系を自分の使うコンピュータにインストールする作業が面倒で敷居の高い面があった。しかしながら，最近ではインストールすることなくウェブブラウザ経由でソースファイルの作成，コンパイルを行い，PDF の作成までをやってくれるクラウドサービスが複数登場している。代表的なものとして，

・Overleaf（https://ja.overleaf.com）
・Cloud LaTeX（https://cloudlatex.io/ja）

を挙げておく。クラウドサービスの特徴としてインターネット上に解説ドキュメントも豊富なので，とりあえずやってみることをお勧めしたい。

　簡単な例としてソースファイルと生成される PDF ファイルのイメージをそれぞれ図12‑2，図12‑3 に示した。最初は一部を改変しながら，また，少しずつコマンドを調べて使ってみながら，自分の文章が組版される様子を楽しんでみるといいだろう。書くことがちょっと楽しくなるはずだ。

```
\documentclass[11pt,dvipdfmx]{jsarticle}
\usepackage{amsmath,graphicx}
\pagestyle{plain}
\newcommand{\pdrv}[2]{\frac{\partial #1}{\partial #2}}
\newcommand{\spdrv}[2]{\frac{\partial^2 #1}{\partial #2^2}}
\newcommand{\drv}[2]{\frac{d #1}{d #2}}
\newcommand{\sdrv}[2]{\frac{d^2 #1}{d #2^2}}
\renewcommand{\eqref}[1]{式(\ref{#1})}
\begin{document}
\section{ソースファイルの構造}
\subsection{プリアンブル}
ソースファイルの冒頭から，本文開始の \verb|\begin{document}| までを{\bf プリアンブル}と呼び，ここで
さまざまな設定を行う．冒頭では書類の種類を設定する．文字サイズ11 ptで日本語論文の場合は \verb|
\documentclass[11pt]{jsarticle}| とすればよい\footnote{\verb|\documentclass{jsarticle}|だとデフォルト
の文字サイズ10 ptが採用される．}．\verb|\usepackage{}| で様々な機能を追加できる．この例では数式や
図を使うために\verb|amsmath|や\verb|graphicx|を導入している．
\subsection{本文}
\verb|\begin{document}| と \verb|\end{document}| で挟まれた部分が本文．文章は \verb|\section{節名}|,
\verb|\subsection{小節名}|, \verb| \subsubsection{小小節名}|, \verb|\paragraph{パラグラフ名}| などで構
造化することができる．
\subsection{各種環境}
本文中には色々な環境を挿入できる．よく使うのは\verb|figure|環境だろう．\verb|\begin{figure}|と\verb|
\end{figure}|に \verb|\includegraphics|で図のファイルを入れ込むことで論文形式で図を挿入できる．
\begin{figure}[h]
\vspace{-12pt}
\centering
\includegraphics[width=6.5cm]{figure.png}
\caption{光合成の概念図}
\vspace{-36pt}
\end{figure}
\section{数式}
高度な数式を書く際は，プリアンブルで新しいコマンドを定義しておくと便利．例えば
\begin{align}\spdrv{f}{x} \label{eq_spdrv} \end{align}
は \verb|\spdrv{f}{x}| とだけ入力すればよいように定義している．また本文で述べたように，数式にラベル
をつけることで\eqref{eq_spdrv}のような形で引用も簡単．ぜひ色々試してみて欲しい．
\end{document}
```

図12−2　ソースファイルのサンプル

1 ソースファイルの構造

1.1 プリアンブル

ソースファイルの冒頭から，本文開始の \begin{document} までをプリアンブルと呼び，ここでさまざまな設定を行う．冒頭では書類の種類を設定する．文字サイズ 11 pt で日本語論文の場合は \documentclass[11pt]{jarticle} とすればよい[*1]．\usepackage{} で様々な機能を追加できる．この例では数式や図を使うために amsmath や graphicx を導入している．

1.2 本文

\begin{document} と \end{document} で挟まれた部分が本文．文章は \section{節名}，\subsection{小節名}，\subsubsection{小小節名}，\paragraph{パラグラフ名} などで構造化することができる．

1.3 各種環境

本文中には色々な環境を挿入できる．よく使うのは figure 環境だろう．\begin{figure} と\end{figure}に \includegraphics で図のファイルを入れ込むことで論文形式で図を挿入できる．

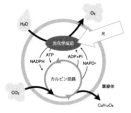

図 1　光合成の概念図

2 数式

高度な数式を書く際は，プリアンブルで新しいコマンドを定義しておくと便利．例えば

$$\frac{\partial^2 f}{\partial x^2} \tag{1}$$

は \spdrv{f}{x} とだけ入力すればよいように定義している．また本文で述べたように，数式にラベルをつけることで式 (1) のような形で引用も簡単．ぜひ色々試してみて欲しい．

[*1] \documentclass{jarticle}だとデフォルトの文字サイズ 10 pt が採用される．

1

図12-3　サンプルソースファイルから生成された PDF イメージ

参照文献

[引用文献]

デカルト著『方法序説』岩波文庫（1997）

福永光司著『荘子 内篇』講談社学術文庫（2011）

スティーヴン・ストロガッツ著『x はたの（も）しい：魚から無限に至る，数学再発見の旅』早川書房（2014）

[参考文献]

・パラグラフ・ライティング誕生の経緯については，

　渡辺哲司著『大学への文章学：コミュニケーション手段としてのレポート・小論文』日本図書センター（2013）

・理系論文ライティングについての古典的名著

　木下是雄著『理科系の作文技術』中公新書（1981）

・Cloud LATEX の紹介および TEX の基本については，

　水谷正大著『LATEX 超入門 ゼロから始める理系の文書作成術』講談社ブルーバックス（2020）

13 | 学問分野と文章③：社会科学を書く

松原隆一郎

《目標＆ポイント》　社会科学の文章は，論文であることと，どの方法で論文を書くのかによって，一般の文章とは文体が大きく異なっている。論文であることの制約とともに，社会科学における自然科学的な面（量的データ分析）および人文学的な面（質的データ分析）の方法を理解する。
《キーワード》　因果推論，比較静学，KJ 法，グラウンデッド・セオリー

1．社会科学の特性

　文学は物語や詩，エッセイを言葉で叙述する創作だが，文中ではその言葉が持つ意味や出所は必ずしも定義したり指示しない。それに対して「学術」の文章すなわち論文は，特定の言葉の意味やどこまでが既存の説であり，自分の説がどう独創的かつ説得的であるのかを示さなければならない。気になる点があれば読者が引用元や観察により確認できるよう，著者名／論文名／書名／出版社／出版年／ページ数が明記されねばならず，創作とは対照的な文体を持つ。

　社会科学の文体は，社会科学の特性に由来する。そして社会科学の特性を知るには，人文学および自然科学の特性をあらかじめ理解しておく必要がある。というのも人文学は内省を通じて生み出した思索を論評するが，それに実験をもって決着を迫る自然科学が近代初頭にまず成立し，社会科学はさらに人文学と自然科学の延長上で生まれたと考えられるからである。

　人文学は，文学を批評する評論を含め，言葉によってとらえられた観念が他の観念といかなる関係にあるのか内省的に考察する学術分野である。「内省」とは既存の文献で何が論じられているのかを照合しつつ，自らの内面や理性につき考察を加えることだから，『論語』や『聖書』といった宗教にせよ，またプラトンやアリストテレスといった哲学にせよ，古典を熟読することに始まり，思索によって展開される。それゆえ基本的に古典を中心とする既存文献を収蔵する「書斎」が人文学の場となる。

　人文学は中世いっぱいまで隆盛を誇ったが，近代に入ると，別の思考様式が生まれる。「自然」は文学によって様々に表現され，人文学においては哲学の対象とされたが，そうした思索は価値観の反映でもあり，優劣には容易に決着が付かなかった。それに対し自然科学は人文学的な思索を「仮説」とみなし，「観察」と「実験」によって優劣に決着を付けようと試みた。実験とは対象に何らかの操作を加え，それによって生じる変化を比較することで原因と結果の関係を確認する思考法である。ガリレオ・ガリレイは「物体は質量が大きいほど早く落ちる」という命題を批判し，質量にかかわりなく物体の落下時間が同一であることを示すため，ピサの斜塔から重さの異なる物体を落とす実験をしたと言われている。

　ある要因が対象に影響し結果を変えることを同定するためには，他の要因が影響する可能性が排除されなければならない。空気抵抗が物体の落ちる速度に影響しないよう，同じ形の物体を落とすといった工夫である。他の条件が同じであるときの結果の比較を「対照」と呼ぶ。実験の結果を内省的な思索よりも優先することは観察という経験の重視を意味しており，哲学においても D. ヒュームの『人性論』（原著1739）[1] がプラトン以来の観念論を退け，経験や感覚の働きに注目した。

　J. S. ミルの『論理学大系』（原著1843）[2] は因果関係を確認する方法と

1　D. ヒューム（1995）
2　J. S. ミル（2020）

して5つの基準を挙げている。そのうち「差異法」（method of difference）は，2つの対象に加えられた条件が1つだけ違うときに帰結も違う場合，その条件を帰結の原因とみなすという基準をいう。「共変法」（method of concomitant variation）は，条件 a と結果 X の間で，a が大きく（小さく）なれば X も大きく（小さく）なる関係をいうが，これだけでは偶然の相関である可能性が排除できない。

「社会」はプラトンやアリストテレスも思索の対象としたが，近代に入りすべての構成員が対面できないほど大きな規模（F. A. ハイエクが A. スミスの言葉を引いて「大きな社会 Great Society」と呼ぶ）になると，内省だけでは想像が及ばなくなる。そうした大きな社会の動向についての因果関係を同定しようとする試みとして，社会科学は誕生した。

社会科学は，ミルの差異法を用いれば社会についても自然科学と同様に因果関係を同定しうるという考え方にもとづいている。自然現象には，どこでもどの研究者によっても同じ実験結果が得られるという斉一性が前提されている。それに対し歴史的に1回限りしか起きない社会現象は，科学的思考に適さないのではないかという疑念が生まれた。

しかも社会を表現する言葉は，研究者が属する社会すなわち専門分野により意味が異なる。社会現象においてはそのように要因や対象が研究者によって主観的に評価される場合が少なからずあるため，自然科学とは異なり，研究者は他者の主観のあり方につき内省を交えて考察する必要がある。

2. 自然科学系の社会科学

自然科学はモノの関係を分析し，人文学はイメージや観念を扱い，社会科学は人と人の関係としての「社会」を考察している。自然科学は主に量的データを用いて数式で分析し，人文学は質的データを扱い自然言

語で記述される。それでは社会科学は第三の方法を持っているかというとそうではなく，自然科学の方法と人文学の方法の双方を取り込みつつ研究を進めている。それぞれの関係を模式図で示すと図13‐1のようになる。

　まず社会科学が自然科学の定量分析からどのような影響を受けたのかを見てみよう。自然科学方面では，学術として「科学」であることが重視される。ここでいう「科学」とは，「諸事象AにはBという諸事象が必ず追随するという普遍的仮説」すなわちAがBの原因であるとする説明のことである[3]。因果関係を説明する普遍的仮説がいつでもどこでも成り立つとすれば，誰が実験しようと条件（諸事象A）が整えば諸事象Bが再現され，定量的に分析されれば理解が共有されやすい。すなわち一般的には再現可能な普遍的仮説として表現される。

　けれども自然科学においても古生物学のように実験したり再現したりできない分野があり，K.ポパーのように進化論は科学とみなせないと

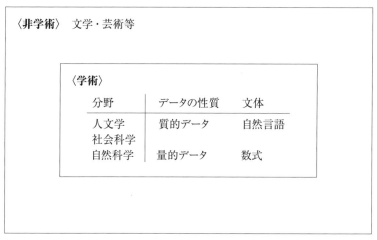

図13‐1　社会科学を挟む2つの領域と文体

3　K.ポパー（1980）p. 383

する人もいる。社会に関し調査が実施され量的データが得られたとして
も，人と人の関係が時々刻々と変化するならば，社会現象は歴史的に1
回だけ，もしくは一時的にしか生じない可能性がある。そうだとすれば，
社会に関しては実験が困難であるだけではなく，普遍的仮説そのものが
成り立たない。では社会において「いつでもどこでも」成り立つ普遍的
仮説は存在するのだろうか。

　この問いに否定的に答えたのが一部の社会学者であった。戦後日本の
大学では，自然科学が因果法則の解明に携わるのに対し，1回しか起き
ない現象を扱う社会科学は価値の創造に関わるという解釈が隆盛を誇っ
た。M. ウェーバーの『プロテスタンティズムの倫理と資本主義の精神』
（原著1904〜05）[4]や『社会科学的および社会政策的認識の「客観性」』
（原著1904）[5]はそうした生き方論，心構え論として購読された。

　政治学・法学・社会学・経営学といった社会諸科学もそうした潮流に
あったが，例外的だったのが経済学，とりわけ英米における主流派の新
古典派である。新古典派経済学は，市場経済において需要と供給の均衡
に関わる法則を，時と場所を問わず成り立つ普遍的仮説であるとみなし
た。

　市場経済における需供関係の数学的分析を，自然科学なかでも古典物
理学の模倣により推し進めたのがP. サムエルソンの『経済分析の基礎』
（1947）[6]である。サムエルソンは宣言している。

　　いろいろな理論の中核をなしているものの間に類似点が認められ
　　るという事実は，そこに個々の理論の底を貫いて流れ，しかもそれ
　　ぞれの中核を互いに結びつけている一般理論が存在することを示唆
　　している[7]。

4　M. ウェーバー（1989）
5　M. ウェーバー（1998）
6　P. サムエルソン（1986）
7　P. サムエルソン（1986），第1章「序論」。

　この本でサムエルソンは，A. スミス以来の経済学説はすべて2種類の数学表現にまとめ上げることができると唱えた。1つには消費者は効用を最大化，企業は利潤を最大化しているとして，それを微分を用いて表現する数学的な「最適化理論」，2つには需要と供給の均衡を満たす各市場の均衡点がパラメーター（与件）の変化に応じて移動し，政策の効果はパラメーターと均衡点の組み合わせで推し量れるとする「比較静学」である。つまり経済学の文体を現在のような数式にした張本人は，サムエルソンであった。たとえばケインズ理論はこんな2本の式に書き換えられている[8]。

　　財市場における総供給と総需要の均衡式
　　　$Y = C(i, Y) + I(i, Y) + \alpha + \beta$
　　貨幣市場における貨幣供給量と貨幣需要量の均衡式
　　　$M = L(i, Y)$

　ここで i, Y, I はそれぞれ利子率，所得および投資，C, I, L はそれぞれ消費関数，資本の限界効率関数（投資関数），流動性選好関数（貨幣需要関数）を表す。α と β はそれぞれ消費関数と限界効率関数の上方移動を表すパラメーターである。連立方程式を解いた解が
　　　$i = i(\alpha, \beta, M)$
　　　$Y = Y(\alpha, \beta, M)$
であるとしよう。そこで $\frac{di}{d\alpha}, \frac{di}{d\beta}, \frac{di}{dM}, \frac{dY}{d\alpha}, \frac{dY}{d\beta}, \frac{dY}{dM}$ の正負をそれぞれ計量経済学により算出すれば，たとえば貨幣供給量 M を増やす金融緩和政策の効果は $\frac{di}{dM}$ で，マイナスならば利子率が下がり，$\frac{dY}{dM}$ が

8　P. サムエルソン（1986），第9章「均衡の安定——比較静学ならびに動学」。均衡式は原著から変形してある。

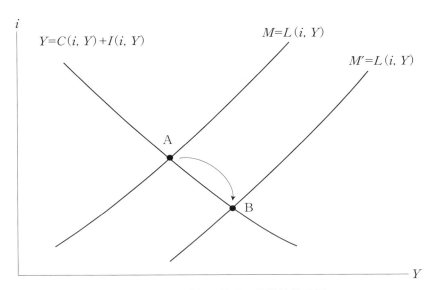

図13-2　金融緩和の効果―比較静学分析―

プラスならば所得は増える，といった具合に予測される。

　図13-2では，金融緩和により外生変数である M が増加すれば貨幣市場の需給均衡式が右方にシフトして $M'=L\,(i,\ Y)$ となり，新たな均衡点で利子率 i が下がって国民所得 Y が増える様子が示されている。数式でも $\dfrac{di}{dM}<0$ と確認できる。

　このように経済政策の効果が明快に予測できるため，比較静学は経済学が「科学」である証拠であるかにみなされた。ところがそうした楽観は早計であった。K. ポパー『推測と反駁』（原著1963）[9] は D. ヒュームの経験論哲学を部分的に改訂して科学を定義し，ある理論が科学であるか否かの境界は反証される可能性を備えることにあるという「反証主義」

9　K. ポパー（1980）

を唱えて，サムエルソンもこれを信奉した。マルクス主義が掲げる「歴史法則」は「資本主義は崩壊する」と予測するが，いつまでも資本主義が崩壊しなくとも「いつかは崩壊する」と言い逃れができてしまうから反証可能性がなく科学ではない，とポパーは言う。

　それに対し比較静学では，予測が反証される（外れる）可能性は確保している。けれども反証されたとしてその原因が何であったかの特定は，変数が多ければ多いほど困難である。金融緩和が実施されても Y が拡大せず景気がよくならなかったとして，金融緩和以外で与件が変化した可能性があるならば，予測が反証されたのか明らかでない。ミルの「差異法」では１つ以外の条件がすべて等しくなければならず，２つ以上の条件が違っているとどの条件が本当の原因なのか識別できなくなる。実験では変化を唯一の変数に限ることができるが，特殊な状況を管理しうる実験室とは異なって，現実の社会においては一部の与件だけを変化させることが難しい。経済についてはそうした実験環境を作り出すことが容易ではない。

　そこで1990年代から経済学界を席巻しているのが行動経済学や実験経済学である。マクロ経済学では変数が多すぎて与件の動きを確認できないため，変数の数を絞り，「因果関係」と「相関関係」を「因果推論」によって識別する作業に取り組んでいる[10]。一見しただけでは因果関係に見える命題であっても，偶然の一致であったり，別の原因（交絡因子）が存在したり，因果が逆であるかもしれない。ニコラス・ケイジの出演本数とプールの溺死者数の推移が似通っていたとしても偶然の一致だし，「体力のある子は学力も高い」という命題には別の原因（教育熱心な親の子は体力も学力も高い）がありうるし，「警察が多い地域には犯罪が多い」は因果関係が逆で「犯罪が多い地域には警察が多い」であろう。

10　たとえば中室牧子・津川友介（2017）がコンパクトにその動向を紹介している。

　そうした実験に準じた考察は，巨額を投じて実施しながらも無駄な可能性がある医療政策に対して応用されてきた。たとえば「メタボ健診を受けていれば長生きできる」という命題の場合，「メタボ健診を受けた人のグループ」と「受けていない人のグループ」の寿命を比較しても，正しさを検証したことにならない。健康意識の高い人の方がメタボ健診を受けている可能性があるからだ。そこで「健康意識が高い」ことの影響を消すようくじ引きでメタボ検診を受けるか否かを決めて寿命を比較するならば，この命題の正しさが厳密に検証できる。その結果，多くの研究において，エビデンスに基づき「メタボ健診」の効果には否定的な結論が導かれている。比較するグループから「健康意識が高い」ことの影響を消すようなこうした工夫は「反事実」の創出と呼ばれ，くじ引き以外にも様々な実験が行われている。

　因果推論が適用される分野は経済学にとどまらない。最近では，M.ウェーバーが試みたのは価値創造を訴えることではなく，プロテスタンティズムの信仰を持つことが資本主義的に合理的な経営が行われることと因果関係にあるという命題を因果推論[11]を用いて論証することであったという解釈が現れている[12]。歴史上１回しか起きなかった事象につき，いかにして因果関係が推定できるのだろうか。他の条件が等しいとして，原因候補Ｃが「ある」場合に結果Ｅがどのくらい生じたのか，「ない」場合にどのくらい生じたのかを数え上げ，比較する。１回だけ起きた事象に関しては，「ない」場合は現実には観察できない。そこで統計学者のフォン・クリースは「ない」場合を反事実的に想定（反実仮想）することを提案した。ウェーバーはそのアイデアを応用していたというのである。

　反実仮想は日常会話や裁判でも頻繁に用いられる。ウェーバーが挙げる例に，若い母親が子どもを叩く場面がある。父親は母親を叱り，母親

11　正確には確率的因果推論（適合的因果構成）。
12　佐藤俊樹（2019）

は反論する。「もしそのときに料理女との喧嘩で興奮していなかったなら，私は子どもを叩いたりしなかったでしょう」と。これが「反実仮想」で，叩いた原因を「料理女との喧嘩」に振り向けることにより，「優しい母親は子どもを叩かない」および「自分は優しい母親だ」と主張している。

　反実仮想を用いれば，正しいか否かが完全には確定しなくとも，確定を目指して議論を続けることには意義がある。自然科学のようにはいつでもどこでも妥当する普遍的命題が存在しない社会科学の領域であっても，「学術」でありうるのだ。

　一方，金融緩和によっても民間投資が増えなかった場合のごとく理論から導かれた予測が的中しなかったとして，変数を減らすのではなく元の理論に立ち返り，予測が適合するよう理論を修正する場合もある。理論を見直すのであるから，元になる仮説に立ち返り，もっともらしさを検討する必要がある。そのためには，量によって記述する以前に仮説に込めた判断が何であったのかを振り返らねばならない。

　そうした判断は価値にかかわる質的なものであるから，客観的には論じられないとみなされがちである。それに対し質的なデータであっても可能な限り中立的に分析しようとする方法が考案されている。それが「質的データ分析」である。

3. 人文学系の社会科学

　表現された言葉をデータとみなして分析する一群の方法は「質的データ分析」と呼ばれる。1960年代後半に出現し急速に拡がったが，日本で開発されたのがKJ法で，ネパールをフィールドとする人類学者・川喜田二郎は『発想法——創造性開発のために』(1967)[13]において，野外観察で得た情報を仮説にまとめ上げる方法を提示した。

13　川喜田二郎（1967）

　川喜田は「これこれのもの」を見つけようと観察対象の範囲を事前に狭く決めてはならず，「関係があるかもしれない」ものまで何でも見る心構えが重要だと述べる。その上で一つ一つの観察事項を書き留めたメモに，とき／ところ／出所／採集記録者といった「註記」を付けよという。野外観察から研究室に戻ると，分析に移る。長くて内容が大きすぎる資料は数単位に切断，単位化されたデータごとに区切って通し番号と「一行見出し」を付ける。そうした紙片は数十枚から数百枚に上る。それらをカルタのように広げ，互いに「親近感を覚える」ような同類の紙片を１カ所に集めて山にしていく。山の数がある程度まで減ってそれ以上には重ねられなくなったら，それぞれの山に類似性を青鉛筆で記した表札を載せ，小チームとする。

　こうしていくつか小チームの山ができるから，さらに同類のものがあればまとめて赤鉛筆で大見出しを書き，表札として中チームを作る。最後までどの小チームにも入らない「離れザル」のようなデータが残る可能性があるが，それは無理にどこかの山に統合しないままにしておく。

　資料が全体に広がったら，表札同士の関係を眺める。相互関係があれば「——」，対立関係があれば「＞—＜」，原因・結果の関係であれば「—→」のような線を引いていく。ここで因果関係を「～である。したがって～」，対立関係は「～である。しかし～」と置き換えて，筋書きを組み立て物語にしていく。話の出発点と展開を何種類か試すと，途中で行き詰まるものがある一方，予想外に伸び，すべての事実関係をもっとも通りよく配置する筋書きが見つかる。その筋書きを文章にしていくのである。線だけだとつながると思われたのに，文章化すると行き詰まることがある。その場合は関係を表す線が誤っていたことになるから，考え直し図を改訂する。こうして元はバラバラな観察から，最終的に筋が通った仮説が導かれる。この仮説形成過程が「発想法」であり，川喜

田は科学哲学者C. S. パースと同じくアブダクション（abduction）と呼んでいる。

　これはちょうどミステリー小説で犯人捜しをする過程に似ている。人物Aが怪しいと疑ったとすると，Aから出発してA犯人説を補強する方向へとデータを並べ替え，筋書きを通していく。やがて行き詰まってしまったら，その場合は出発点を人物Bに替える。B犯人説についてもデータを証拠として並べ，筋書きをたどっていく。そして最後まで行き詰まりなくすべてのデータに支持されてしまったなら，B犯人説が確からしいことになる。

　KJ法の狙いは，観察者が観察データを手にしていながらもそれまでの環境や経験，話の文脈から偏見を抱いていたときに，その偏見を解除しながら観察データをより整合性ある筋書き（仮説）に並べ替えることにある。本格派のミステリー小説では，小説の作者がすべてのヒントを読者に与えながらも，語る文脈によって読者に一定の思い込みを刷り込んでいる。ヒントを思い込みの文脈から解放すれば，別の整合的な筋書きが発見される。KJ法はそうした発見を促す技法である。

　これは何枚かのセーターをほどき，得られた毛糸からまったく違う柄のセーターを編み直すような作業である。セーターの編み直しでは，新しいセーターの各部が元はどのセーターだったか記憶をたどり返す必要がない。それに対し質的データ分析が学術（川喜田の言葉では「科学」）であるためには，観察者は集めたデータをオリジナルの文脈に置き戻せなければならない。誰によって観察され言葉として表現された事実なのかをたどり返せないなら，どんな筋書きでも架構できてしまうからだ。

　様々な場面での観察を元に，観察者の思い込みとは異なる被観察者から見た筋書きを推測する「質的データ分析」は，各分野で類似の方法が生み出され，洗練されていった。エスノメソドロジーや談話分析，エス

218

ノグラフィー，ライフヒストリー，カルチュラル・スタディーズ，オーラル・ヒストリー（口述史），グラウンデッド・セオリー・アプローチ等である。

　なかでも海外で著名なのがB. G. グレイザーとA. L. ストラウスの「グラウンデッド・セオリー」で，『データ対話型理論の発見——調査からいかに理論をうみだすか』（原著1967）[14]は社会を人々の直接のやりとりにおいてとらえる「シンボリック相互作用論」に基づいて，登場人物それぞれの役割と関係から生じる変化のプロセスを「いつ，どこで，なぜ，何を，どうやって，結果は」と，詳細に記録する手法である。

　この手法は文書資料にも応用できる。オリジナルの文書資料から特定部分を分析上の「部品」として切り出すのは「セグメント化」，多くの部品を「似たもの集め」の要領で分類し直して束ねていくのは「データベース化」，同じ束から共通する論点をめぐるストーリーを構成し，他の束の論点と比較しながらストーリー同士をつなげるのは「ストーリー化」と呼ばれる。これら3段階を踏まえつつ，文書資料（特定の日付の新聞・雑誌，観察データを書き付けた紙片）の文脈から文章の断片を切り離し，新たな文脈を再構築するのである。元の文章というセーターから解きほぐした毛糸という断片で新たな文章という別のセーターを編み直すのであるから，KJ法と実質的に同じ方法と言えるだろう。

　KJ法やグラウンデッド・セオリーが「質的データ分析」として提案されたのには理由がある。質的データはいくら集めても，選択式のアンケートを大量に処理する量的データ分析からすれば，量的に少なく統計的な信頼性に欠けるとみなされてきた。野外観察にはそうした批判がつきものであるが，質的データ分析の側からすれば，選択式のアンケートにも欠陥がある。あらかじめ調査者が回答の選択肢を絞っているため，調査者が抱いている偏見の範囲内でしか回答が得られないのである。調

14　B. G. グレイザー・A. L. ストラウス（1996）

査者は先入観を振り払い，対象者が考えていることそのものに迫ること
ができない。それでもなお調査数が少ないために客観性に欠けると疑わ
れるならば，質的データ分析で得られた結果を元に選択肢を作成し，選
択式のアンケート調査を実施すればよいだろう。質的データ分析は各
データが誰によって観察され言葉として表現されたのかを記録しておく
ことにより，数は少なくとも客観性の担保となる。

　調査者が偏見を持って分析してしまうという問題は，経済学において
も重要である。ミクロ経済学のテキストでは，コーヒーと紅茶が代替材
であるとか，コーヒーとコーヒー・ミルクが補完財であるとかが客観的
な事実であるかに述べられ，続いて相対価格の変化がもたらす影響とし
て代替効果や所得効果が分析される。けれどもある商品と他のどの商品
が代替材であり補完財であるかを決めるのは消費者であって，テキスト
の執筆者ではない。ここには経済研究者が経済を客観的に理解している
という臆断がある。前項末で述べたように，臆断を排して仮説を洗い直
さねばならない。

　経営学者のP. F. ドラッカーが，こんな例を挙げている[15]。1930年代，
ゼネラル・モーターズ（GM）はキャデラックの売れ行き不振に悩んで
いた。輸送手段としての機能を高めたり価格を下げたりといった努力を
重ねたものの，売れ行き低落には歯止めがかからなかった。ここで明敏
な事業部長が「キャデラックの新車に大枚のドルを支払う者は，車を輸
送手段として買っているのか，それともステータスシンボルとして買っ
ているのか」と問うに至った。「我々の競争相手はダイヤモンドやミン
クのコートではないのか。顧客が購入するのは，輸送手段ではなくス
テータスだ」と言うのだ。

　GM 社はキャデラックを輸送手段とみなし，代替材である他の車種よ
りも機能を高めたり，価格を安くしたりしようとしてきた。けれども

15　P. F. ドラッカー（2008）

キャデラックが顧客たる消費者の主観においては輸送手段でなく「ステータスの表示手段」であったなら，どうだろう。価格を下げればステータスも下がり，売れ行きが落ちたことに不思議はない。そう考えた事業部長はキャデラックをより豪華に仕上げ，値上げを断行したところ，売れ行きはV字回復したのである。顧客にとってキャデラックは自動車というカテゴリーにおける他ブランドの代替財ではなく，贅沢品というカテゴリーにおいてダイヤモンドやミンクのコートの代替財として認識されていたのだ。

このエピソードにおいて，キャデラックを贅沢品とみなしたのは消費者であり，企業の値下げ戦略が誤りであることを売れ行き不振というかたちで示唆したのは市場であった。観察者は当初キャデラックを輸送手段とみなしたが，キャデラックはむしろ贅沢品のカテゴリーに分類されていた。それに気づかない企業は，利益を手にすることができない。企業が現場で行っている競争とは，物言わぬ消費者が何を求めているかをいち早く知ろうとする質的な理解のプロセスである。こうして質的データ分析は，1980年代以降，企業にとっての最重要課題である消費者意識の調査に活用されていくのである。

質的データ分析は調査者自身が気づいていない偏見を取り除く手法となり，社会科学に偏見を捨て予想外の筋書きに導かれる驚きを記す文体をもたらした。量的データ分析を併用することで，偏見を修正する方法となったのである。

4. 専門主義の文体

20世紀も後半に入り，社会科学は反実仮想を駆使して因果関係を見出す量的データ分析と，偏見を取り除き被観察者の心理に触れようとする質的データ分析の双方で進展を遂げた。それぞれ論文としての形式を踏

まえつつ，数学と自然言語を文体とした。実際の論文では，その一方もしくは双方を方法として採用すればよい。けれどもこれまで述べてきた社会科学の文体には，１つの問題がある。

　社会科学の文体は，反実仮想やストーリー化といった方法だけでなく，学術であるために論文の形式に縛られている。またテーマの焦点を絞るために，政治ならば政治，経済なら経済，社会学なら社会学と，ごく狭い専門領域でのみ理解される用語でつづられる文体となっている。けれども社会科学が研究対象とするのは学術を志す人々ではなく，実生活を営む一般の人々である。自分について論じているのだから，分析結果は理解されるはずだろう。ところが調査された人々が自分たちを対象として分析した論文に目を通したなら，読み進む意欲が湧かないのではないか。形式が際立つ文体だからだ。つまり本来はわかりやすくするための論文や専門化といった形式が，逆に読まれにくさを招いてもいる。

　研究者であれば「論文」という形式を読むことは苦痛ではないだろう。けれどもどの分野の専門家も他分野に関しては素人であるから，狭い領域でのみ理解される癖の強い文体には，研究者であってさえ違和感を持つのも事実である。そうであるならば，学術の形式を外したときには（もしくは専門的なデータ分析は付録にまとめる等の工夫を施した場合の本文は），一般の読者にも読んでもらえる「非学術」の文体に変換できなければならない。

　佐藤郁哉はフィールドワークの概観書（佐藤（2006））でこう述べている。

　　　小説家が着想の浮かぶままに書き散らかした構想のメモやいくつかのシーンのスケッチなどから一つのまとまった筋立ての小説を仕立て上げていくように，「民族誌家（エスノグラファー）」は，フィー

ルドノーツや聞き取り記録の断片を，一貫した筋立てやテーマに沿って並べ替え，加工し，編集していくことによって一篇の民族誌へと仕立て上げていかねばなりません[16]。

　小説も民族誌も，断片的なメモを並べ替え編集することで筋立てを得るのは同じ作業だというのだ。違いは取材日を記録しているメモを公開するか否かだけであろう。それにもかかわらず，現実の世界を述べる文章としては，文学表現の方がリアリティを持つことが少なくない。

　筆者が連想するのが，谷崎潤一郎の『細雪』中央公論社（1944～48）である。この作品は昭和初頭から昭和15年頃まで阪神間（芦屋・住吉川沿岸・阪急沿線）に住む上流階層の妻子が，写真や高級自動車，レストランやロシア菓子，舞といった当時の一線の文化を贅沢に消費するありさまを描いている。「阪神間モダニズム」と呼ばれる社会文化現象である。現在では失われた「阪神間モダニズム」は，この小説の中では生々しく息づいている。このリアリティは，所得や消費の統計数字では得がたいものだ。

　その贅沢な消費は，夫が大阪（船場）で仕事をし，妻子が神戸に住み京都で遊ぶという構造の上に成り立っていた。三宮の地魚で握る江戸前ずし屋や路地裏の小汚く旨い中華料理屋等，味覚の鋭敏さと探究心なしにはとても描けない光景である。

　その一方で，妻子は階層を維持しようと排他的かつ差別的な言動をあらわにする。カメラマンの「板倉」は船場の貴金属商・奥畑商店の「丁稚（でっち）」出身であったが，主人公である蒔岡家の四姉妹の四女・妙子が婚約者である奥畑家の「坊ち（ぼん）」よりも板倉にひかれると，蒔岡家からは「丁稚上がりの無教育な男」「岡山在の小作農の倅」「あたしかて，板倉みたいなもん弟に持つのは叶わんわ」といった侮蔑の言葉が次々に投げつけ

16　佐藤郁哉（2006），p. 228

られた。社会学者 P. ブルデューならば「ディスタンクシオン」（差別化・卓越化）と呼ぶであろう特定の階級のみが享受しえた文化資本の醜い背面であり，これもまた当地に住んだ者ならば身につまされるリアリティがある。

　こうして谷崎は，蒔岡家が船場から脱落し，東京が復興して大阪をしのぎ船場も時代に取り残され，東京もまた太平洋戦争で壊滅するという，「阪神間モダニズム」を支えた構造が次々に滅びゆく時間の流れを描き出す。「滅びの中の美」を描くという芸術的な目的によるにせよ，学術的な分析をもしのぐリアリティでその社会文化現象を活写したのである。『細雪』には登場人物のモデルが多く指摘されているが，実際に観察し分析して谷崎は作中の人物像を造形したのであろう。

　「阪神間モダニズム」を扱った『細雪』にせよ，紫式部が平安貴族の恋愛行動を描いた『源氏物語』にせよ，かつて存在した文化や社会現象を描くにあたり，文学者の描写力には瞠目すべきものがある。社会科学の文体もまた，いったん学術の形式を外したならば，文学の文体ほどの自然さや全体性を恢復しうるものでなければならない。

参照文献

［引用文献］

M. ウェーバー『プロテスタンティズムの倫理と資本主義の精神』大塚久雄訳，岩波書店（1989）（M.Weber, "Die protestantische Ethik und der 'Geist' des Kapitalismus" 1904-05）

M. ウェーバー『社会科学的および社会政策的認識の「客観性」』富永祐治・立野保男訳，岩波書店（1998）（M.Weber, "Die 'Objektivität' sozialwissenschaftlicher und sozialpolitischer Erkenntnis" 1904）

川喜田二郎『発想法――創造性開発のために』中公新書（1967）

B. G. グレイザー・A. L. ストラウス『データ対話型理論の発見――調査からいかに理論をうみだすか』（後藤隆・大出春江・水野節夫訳，新曜社（1996）（Glaser, B.G.

and Strauss, A.L. "The Discovery of Grounded Theory: Strategies for Qualitative Research" 1967)

佐藤俊樹『社会科学と因果分析――ウェーバーの方法論から知の現在へ』岩波書店 (2019)

P. サムエルソン『経済分析の基礎』佐藤隆三訳, 勁草書房 (1986) (Paul A. Samuelson "Foundations of Economic Analysis" 1947)

P. F. ドラッカー『マネジメント――務め・責任・実践』有賀裕子訳, 日経BP クラシックス (2008) (Peter F. Drucker "Management: Tasks, Responsibilities, Practices" 1973)

D. ヒューム『人性論』全4冊, 大槻春彦, 岩波文庫 (1995) (D. Hume, "A Treatise of Human Nature" 1739)

K. ポパー『開かれた社会とその敵　第二部』内田他訳, 未来社 (1980) (K.R. Popper "The Open Society And Its Enemies" 1950)

K. ポパー『推測と反駁』藤本隆志他訳, 法政大学出版会 (1980) (K.R. Popper "Conjectures and Refutations" 1963)

松原隆一郎『荘直温伝――忘却の町高梁と松山庄家の九百年』吉備人出版 (2020)

J.S. ミル『論理学大系』全4冊, 江口聡他訳, 京都大学学術出版会 (2020) (J.S. Mill "A System of Logic, Ratiocinative and Inductive" 1843)

[参考文献]

佐藤郁哉『フィールドワーク　増補版――書を持って街へ出よう』新曜社 (1992／2006)：質的データ分析全般についての良質な入門書。

上野千鶴子『情報生産者になる』ちくま新書 (2018)：KJ 法を社会学系の論文に利用するための詳細を説明している。

中室牧子・津川友介『「原因と結果」の経済学――データから真実を見抜く思考法』ダイヤモンド社 (2017)：因果推論についての入門書。

山本拓『計量経済学』新世社 (2005)：経済学で用いられる関数形を特定するためのデータ利用法が平易に説明されている。

湯澤規子『在来産業と家族の地域史――ライフヒストリーからみた小規模家族経営と結城紬生産』古今書院 (2009)：社会科学においては量を駆使するマクロな視野の文章には個人が現れず, 質に注目するミクロ視点の文章からは世界が見えない嫌いがある。本書はマクロな結城紬産業を概観しながらも, 女性たちのミクロな人生を掘り起こし, 地域のコミュニティや地理的な自然環境にも触れており, 社会科学の理想的な文章である。

14 | 学問分野と文章④：人文学を書く

野崎 歓

《**目標&ポイント**》 人文学の論文が扱う内容は，とりわけ文学や芸術を対象とするとき，評論やエッセイに近接する場合がある。アカデミックと形容するに足る文章は，それらとはどう異なるのか。そしてどのような書き方が求められるのか。フランスのバカロレア（後期中等教育修了および大学入学資格の認定試験）における論述式試験のあり方を参照しながら，人文学の論文執筆にとって不可欠な文章の作法を学ぶ。
《**キーワード**》 論文，評論，エッセイ，人文学，学術性，アカデミア，バカロレア，構想，弁証法

1. 論文と評論・エッセイはどう違うのか

　人文学の論文は，どうあるべきなのか，そしてどのように書くべきなのか。

　この問いのうちには，最初に定義しておく必要のあるタームが複数並んでいる。「人文学」とは何か，そもそも「論文」とは何か。重要な概念やコンセプト，キーワードを，きちんと定義づけしたうえで議論を進めることは，論文執筆において必須の事柄である。

　人文学を定義するためには，本来，はるか古代ギリシアまでさかのぼり，学問の歴史をひもといて説明する必要があるだろう。しかしここではもっとも簡便，かつ制度的な定義づけに留めておく。すなわち，**いにしえの文学部における「哲史文」の枠組みに属していた諸分野**（哲学，

倫理学，宗教学，美学，歴史学，文学，言語学等），**およびそこから発展的に出てきた新たな形の文化・芸術研究**（表象文化論，カルチュラル・スタディーズ等）を指す。

　たとえばハイデガーの難解きわまる哲学，あるいはミケランジェロの巨大なフレスコ画，はたまたドストエフスキーの重厚な小説や，黒澤明の血沸き肉躍る映画。それらについて論じた研究はいずれも，人文学の論文として認められうる。

　とはいえ，自分がそれらの対象について何か書いたとして，それが本当に論文の名に値するものになるのだろうかと危惧されるかもしれない。実際，たとえば黒澤明の映画『七人の侍』を観終わってすぐさま執筆に取りかかっても，感想文以上のものになる可能性はほとんどない。また，準備に時間をかけ，本格的論考を目指して執筆したとしても，その結果，論文ではなく評論やエッセイになるという可能性は大いにある。

　そこで，論文と評論・エッセイを分けるものは何かを考えてみたい。その前に「評論」と「エッセイ」の違いは何かという問題もある。小林秀雄の『私小説論』は題からしていかにも評論っぽい。では『考えるヒント』はどうだろうか。もう少しやわらかそうなのでエッセイに分類すべきか。硬いのが評論でやわらかいのがエッセイなのか？　だが，いまは論文について考えるのが本筋であるので，この問題は放念しよう（本来，評論とエッセイに本質的な違いはないとも思えるのだが[1]）。ともあれ，日本では評論といえば小林秀雄がその代名詞ということになっているので，彼の作品を例に，評論との違いを考えることで論文とは何かを明らかにしてみたい。

　小林秀雄の文学的出発をしるしづけたのは，フランスの詩人アルチュール・ランボー（小林の表記はアルテュル・ランボオ）についての

1　英語の essay は日本のいわゆる「随筆，エッセイ」を意味するとともに，「小論文」「評論」の意味でも用いられる。

論考である。小林は1927（昭和２）年，東大仏文の卒業論文でランボー
を扱った。その１年前には東大仏文研究室の雑誌『仏蘭西文學研究』の
創刊号に，「人生研断家アルテュル・ランボオ」（のちに全集収録の際「ラ
ンボオⅠ [2]」と改題）を発表している。1930（昭和５）年に刊行された
『地獄の季節』翻訳の解説文（のちに「ランボオⅡ [2]」と改題）でも，
まとまった論を展開している。飛躍に満ちた思考のきらめきや，問答無
用の断言口調によって読者を魅了し，またときに当惑もさせる小林秀雄
ならではの文体は，すでにして十全に開花している。だが，それらを人
文系の「論文」とみなすことができるだろうか？

　「ランボオⅠ」において小林は，詩人ランボーを「絶対糺問者」「極点
の文学の実行者」としてとらえようとする。その際，彼が強調するのは
ランボーが出会ったという「宿命」の概念である。その「宿命」のいわ
んとするところがわかりにくい。かいつまんで引用してみると——

　　宿命といふものは，石ころのやうに往来にころがつてゐるものでは
　　ない。（中略）吾々の灰白色の脳細胞が壊滅し再生すると共に吾々
　　の脳髄中に壊滅し再生するあるものの様である。（中略）藝術家の
　　脳中に，宿命が侵入するのは必ず頭蓋骨の背後よりだ。宿命の尖端
　　が生命の理論と交錯するのは，必ず無意識に於いてだ。この無意識
　　を唯一の契點として，彼は「絶對」に参與するのである [3]。

　「これらの『宿命』に関する説明を前にすると，途方に暮れるという
のが偽らざるところだ」とある研究者は述懐している [4]。もちろん我々
は，文学愛好者として，灰白色の脳細胞の壊滅と再生や，頭蓋骨の背後

2　「ランボオⅠ」「ランボオⅡ」は『新訂　小林秀雄全集　第２巻　ランボオ・X
　への手紙』新潮社，1978年に収録されている。
3　前掲注２，137-138頁。
4　小川亮彦「小林秀雄の卒業論文「Arthur Rimbaud」：「ランボオ１」から「ラ
　ンボオ２」への架橋」『山梨学院大学一般教育部論集』山梨学院大学一般教育部
　研究会編，1995年，17号，128頁。

よりの侵入といった強烈な表現を喜び，小林の異様な筆力に感嘆しても
いい。だがここでは，人文系の——とりわけ文学を対象とする——論文
が避けるべき陥穽（かんせい）を示す反面教師として，若き小林のランボオ論を読ま
なければならない。

　「美神」と「宿命」の対決が，「ランボオⅠ」における考察のメインテー
マをなしているようだ。論文であるならばまずそのテーマをはっきりと
掲げ，それぞれの概念を明快に説明すべきだ。さらに，ランボーにおい
て「美神」や「宿命」がどのように出現するのか，作品のテクストに基
づく分析を展開しなければならない。小林の文章はそうした手続きを欠
いており，乱暴である（だじゃれになってしまい遺憾だが）。そしてまた，
同様のテーマに関し，先行研究でどのようなことが論じられてきたのか
が一顧だにされていない。

　小林がフランス語で書いた全37ページの卒業論文「Arthur Rimbaud」
の内容は，この「ランボオⅠ」を仏訳したものだったと考えられる[5]。
参考文献の引用も多少は見られるようだが，文章自体の性格に大きな変
化はあるまい。さらに「ランボオⅡ」に至ると，はっきりと評論家とし
ての小林自身のドラマがそこに書き込まれている。

　「四年たつた。／若年の年月を，人は速やかに夢みて遇す。私も亦さ
うであつたに違ひない。私は歪んだ。ランボオの姿も，昔の面影を映し
てはゐまい」といった調子だ。「そして今，私の頭にはまだ詩人といふ
餘計者を信ずる幻があるのかしらん。私は知らぬ。[6]」論文の読者とし
ては，そう言われても困るのである。

　もちろん仏文卒業後の小林にとって，「論文」の枠を守る義理はもは
やない。「論文」の外で「文学」の領域を切り拓くのが彼の仕事なので

5　前掲注4，139頁。小林の卒業論文は全集にも収録されておらず，閲覧が困難
　である。小川論文は「村松剛氏所蔵の稿本の複製版をもとに」卒業論文の分析を
　行った論考である。小林のフランス語能力が「易しい誤りが多いのにも係わらず
　難解な表現が十分可能である」（140頁）ことなど，貴重な指摘が含まれている。
6　前掲注2，147頁および151頁。

あり，我々は彼の奔放な文体に感嘆すればいいのだ。だが，論文執筆を目指す観点に立って「ランボオⅡ」を俎上 に載せるなら，さらに重大な問題が浮上する。

「ランボオ程，己れを語つて吃らなかつた作家はない。痛烈に告白し，告白はそのまゝ，朗々として歌となつた。７」これはいかにも性急な断言である。「宿命」を見極めようとして「美神」と刺し違え，文学によって文学そのものを破壊し去る。『地獄の季節』をそんな詩人のドラマとして読む小林は，作品を透明な「告白」として扱おうとする。だがランボーの文章を虚心に読むとき，我々はそこで「私（je）」が「絶えず揺らいで８」いることを感じないわけにはいかないはずだ。

「ランボオⅠ」の小林は，ランボーとの出会いの興奮にあられもなく身を委ね，ランボーと一体化するかのような口吻で詩的な託宣を下している。それに対し「ランボーⅡ」では，作品の複雑なニュアンスを捨象し，「文學の，藝術の極限」を彷徨した詩人像を手短に総括している。いずれも，小林という卓越した文学者におけるランボー体験の記念碑として鮮烈な意味を持つ。しかし論文のお手本とするわけにはいかない。

2.　アカデミアの門をくぐるために

「引用」をきちんとし，「先行研究」への目配りを忘れず，さっそうとたんかを切ることは慎み，ひたすら明快な論の運びを心がける。それが論文のあるべき姿だとしたら，いささか味気なくも思える。そうやって生真面目にランボーについて論文を書いたところで，小林秀雄に匹敵するインパクトのある文章にはならないのではないか？　文学や芸術や哲学の場合，形式にとらわれず自分の感性と思考を自由に表現した方が，

7　前掲注２，149頁。
8　前掲注４，134頁。『地獄の季節』における「私」の揺らぎを分析した研究としては，中地義和『ランボー　精霊と道化のあいだ』青土社，1996年，湯浅博雄『ランボー論　〈新しい韻文詩〉から〈地獄の一季節〉へ』思潮社，1999年がある。

扱う対象にふさわしいのではないか？　「放蕩無頼の限りを尽くし」，
「あらゆる感覚を壊乱させること⁹」で「未知なるもの」に到達しよう
とした詩人ランボーについて，お行儀よく論文を書くのはいかにも似合
わないのでは？

　というような疑問には，実感に根ざしてもっともなところもある。だ
が人文学の論文作法は，そうしたわだかまりを潔く捨て去ったところか
ら始まる。**形式にとらわれないどころか，論文とは形式そのものである
からだ。**自由に書くというより，規則順守が論文の本領なのだ。

　それはなぜか？　論文とは「アカデミア」の継続と発展のためにささ
げられるべきものだからである。

　耳慣れないカタカナ語かもしれない。だが理系・文系を問わず，大学
人はこの語をしばしば口にする。academia を英和辞書で引くと，「大学
の環境，生活，学界」を意味すると説明されている。さらに詳しく調べ
るなら，イタリア語の accademia からルネサンス期にフランス語や英
語に入った単語であることがわかる。語源はギリシア語の Akadêmia,
ラテン語の Academia である。

　古代ギリシアにはアカデモス Akadêmos という名の英雄がいた。ゼ
ウスの双子の息子カストルとポルックスを助けた功績により，アカデモ
スは立派な土地を授けられた¹⁰。以後，アテナイの北西にあるその土地
は，いかなる外敵の侵攻からも守られ，プラタナスとオリーヴの並木が
美しい庭園となった。そこに前4世紀，哲学者プラトンが弟子たちを集
めて学園を開いた。それが名高いプラトンのアカデミアである¹¹。

　プラトンが40年間にわたって生徒たちを教えたこのアカデミアは，ル
ネサンス期にプラトン哲学が華々しく復活を遂げた際，理想の学園とし

9　1871年5月の書簡の一節，平井啓之・中地義和・湯浅博雄・川那部保明訳『ラ
　ンボー全集』「文学書簡」青土社，2006年，431頁。

10　プルタルコス『対比列伝』「テセウス」の項で語られているエピソード。河野
　与一訳『プルターク英雄伝　1』岩波文庫，2004年，50-51頁。

11　プラトンのアカデミアについては，ディオゲネス・ラエルティオス『ギリシア
　哲学者列伝（上）』加来彰俊訳，岩波文庫，1989年，279-283頁で述べられている。

て人文学を志す者たちの憧憬をかきたてた。ラファエロが描いた壮麗なフレスコ画「アテナイの学院」は，今もヴァチカン美術館の壁面を飾っている。そしてプラトンのアカデミアは欧米の大学の祖とみなされるに至ったのである。

　日本にいて学問を志す我々には，幾重にも縁遠い話と思われそうだが，そうとも言えない。なぜなら，日本で現在営まれている学問的な「知」の探求が，西洋的な「知」の流儀をくむものであることは否定のしようがないからだ。「アカデミア」を受けつぐ（ものと自認する）学問の共同体が，世界的に広がっていった結果として，我々の学問もまた成り立っている。

　本題に戻るなら，「論文」とは何かという問いには，このアカデミアの概念を直結させて考えるべきである。**論文とは，自分がアカデミア＝大学的な学問の世界の一員たる資格を持つことを証明するためのもの**なのだ。そこで求められるのが，アカデミアにふさわしいふるまい方である。アカデミアの門をくぐるためには "ドレスコード" を守る必要があると言ってもいい。アカデモスの園が外敵をことごとくシャットアウトしたように，アカデミアは怪しい服装の人物は入場させないのである。服装の乱れはアカデミアの成員を律するべき「理性」の乱れを意味するのだから。そこから，引用だの先行研究の参照だのといったチェックポイントが重要性を帯びてくる。それらの形式をきちんと守ることは，論文が論文として成り立っていることの最低限の保証となる。

　そこでただちに１つ，重要な補足を加えておく。アカデミアを律する理性に基づく叙述であるかぎりにおいて，じつは「人文系」の論文と他の領域の論文との間に本質的な違いなどない。定評のある論文執筆作法の著者，澤田昭夫によれば，「いかに問いを考え出し，いかにそれに答えるか」が重要である点で，専門分野の違いに関わらず「論文は結局ど

んな論文でも同じ」と言える。「すべての学問分野に共通しているのは，さまざまなデータ，事実を眺め，不可解な現象についての問を考え，その問に答えるための仮説をたて，その仮説を事実とつきあわせてそれが現実をよく説明するかどうか検証して答えを出すというプロセスです。[12]」自然科学では仮説を実験で証明するのに対し，人文・社会科学では「事実によって仮説を検証する」。いずれにせよ「全体の手続きは根本的には違っていません。」

　そのことの例として，ふたたびランボーに登場してもらおう。ランボーの『地獄の季節』が描き出しているのは「美神」と「宿命」の対決である。そういうアイデアが仮説としてひらめいたとする。それを論文にするには，各概念を説明した後，「美神」はどこに現れており，「宿命」はどこに読み取れるのかを作品に基づき，示していく必要がある。その際，論文を読む者にも再検証が可能なように，参照すべきテキストの刊本や頁数を明記する必要があるのは言うまでもない。そうした手続きを踏んだうえで「宿命」のゆくえを浮き彫りにできたなら，ランボーに心酔する人間だけではなく，それこそ理系の研究者が読んでも（一応は）納得のいく「論文」となるはずだ。

　あるいはまた，『地獄の季節』に示されているのは，本当に小林秀雄が語ったような文学との訣別だったのかという問いを抱いたとしよう。その場合，『地獄の季節』と双璧をなすランボーの作品『イリュミナシオン』に関し，その執筆時期を検証する作業が必須となる。もし後者の一部なりとも，『地獄の季節』の後に書かれたとすれば，小林秀雄的な解釈は修正を迫られることになる。そして実際，専門家の冷静な考察により，ランボーが『地獄の季節』とともに文学と訣別したとは必ずしも言えないことが明らかになっている[13]。「論文」によってこそ果たされるべき仕事がそこにあったのだ。

12　澤田昭夫『論文のレトリック——わかりやすいまとめ方』講談社学術文庫，1983年，66頁。

3. バカロレアの教え

　アカデミアの"ドレスコード"に従ったものが論文である，と書いた。しかしそのコードとは実際にはどういうものなのか。意外にも，学校ではそれをきちんと教えず，学生を徒手空拳のまま卒業論文や修士論文に立ち向かわせている。清水幾太郎の古典的な『論文の書き方』（初版は1959年刊行だが今日でも読みつがれている）には，文章の書き方については「学校教育の枠の外で，即ち，自分自身で修業しなければならなかった[14]」との述懐が見られる。現在，広く読まれている戸田山和久『新版　論文の教室』（初版2012年）には，「これまで論文なんて書いたことないし，書き方を教わったこともない[15]」という読者のニーズに応える本である旨，記されている。半世紀以上たっても日本では，論文執筆の態勢を整えるための教育が不十分なままなのである（それゆえ，この『日本語アカデミックライティング』の意義も大きい）。

　日本では，というのは，論文執筆の態勢を整えるために自国語教育において中学，高校からしっかりと手ほどきをする国があるのを意識してのことだ。フランスは間違いなく，そうした国の一つである。そのことはフランスにおける大学入試に端的な形で表れている。

　日本の大学入学共通テストや，各大学の入試に見られるような，いわゆる選択式の出題──「以下の①～④から正しい答えを選べ」──は，フランスには存在しない。フランスではナポレオン・ボナパルトによる大学制度改革以来，今日に至るまで，高校修了資格および大学入学資格という二重の意味を持つ「バカロレア」の試験を毎年全国一斉に行って

13　現在では，『地獄の季節』執筆以降もしばらくの間，ランボーは「自作出版の意志をもちつづけ，文学へのこだわりを捨てていなかった」と考えられている。中地義和編『対訳　ランボー詩集』岩波文庫，2020年に付された中地による解説「たえざる脱皮──詩人ランボーの軌跡」391-394頁。
14　清水幾太郎『論文の書き方』岩波新書，1959年，213頁。
15　戸田山和久『新版　論文の教室──レポートから卒論まで』NHK出版，2012年，10頁。

いる。バカロレア試験ではすべてが記述式であり，それも日本における記述式のような「100字以内で述べよ」といった生易しいものではない。たとえば，何日間にも及ぶ試験の，文系理系いずれの受験生にとっても最初の科目である哲学を例にとろう。朝8時から12時まで，4時間ぶっとおしで小論文（ディセルタシオンと呼ばれる）に取り組むのだ。最近の出題例は以下のとおりである（一問を選んで解答）。

「時間から逃れることは可能か？」
「芸術作品を説明することは何の役に立つのか？」（文科系，2019年）
「理性によってすべてを説明することができるのか？」
「芸術作品とは必ず美しいものだろうか？」（経済社会系，2017年）
「文化の多様性は人類の一体性の障害となっているのか？」
「義務を認めることは，自由を断念することなのか？」（理科系）[16]

おそらく日本のどれほど優秀な受験生でも，こうした問いに対してその場ですぐさま，立派な答案を書くことは困難だろう。なぜなら，そういう文章を書くための教育を受けていないからである（そもそも日本にはフランスの「哲学」に相当する科目が存在しない）。日本の受験生たちがもっぱら，各教科の知識や情報を頭に詰め込むことに追われていることは否定しにくい。

それに対しフランスの初等・中等教育のカリキュラムは，「ディセルタシオンを書けるようになるために緻密かつ段階的に組まれていると言っても過言ではない[17]」。論理的思考および文章力の育成に力を注ぐのは，単に大学入試を目指してのことではない。その後社会に出た後も，

16　坂本尚志『バカロレア幸福論──フランスの高校生に学ぶ哲学的思考のレッスン』星海社新書，2018年，33-34頁および細尾萌子・夏目達也・大場淳編著『フランスのバカロレアにみる論述型大学入試に向けた思考力・表現力の育成』ミネルヴァ書房，2020年，第6章（坂本尚志執筆），115-116頁の情報による。
17　前掲注16『フランスのバカロレアにみる～』第5章（渡邉雅子執筆），91頁。

自己実現のための過程において，自律した論を構築できるだけの言語運用能力を備えているかどうかが重要な鍵を握る。そのことは，フランスにおいて各界で指導者的な地位についている人々の話しぶりを観察するだけで如実にうかがえる。

　フランスの大統領の記者会見においては，事前の質問通告はなく，大統領はメモを見ることなしに，記者の質問が尽きるまで語り続ける。それに対し日本の首相の記者会見は，事前に渡された質問に対し官僚が作ったメモを読み上げているだけではないか——フランスの新聞の日本特派員がそう批判している[18]。教育と文化の違いが如実に表れ出る。

　もちろん，フランスが優れていて日本が劣っていると言いたいわけでは毛頭ない。論述能力をエリートの指標とする体制が権威主義化し，フランス社会に階層の固定化をもたらしているという問題提起がしばしばなされている。能弁よりも訥弁に人間としての誠実さを見出す日本的な感じ方も，むげに否定されるべきものではない。

　しかしどうすれば論文が書けるようになるのかに関して，フランスの事例が指針を与えてくれることは間違いない。「芸術作品とは必ず美しいものだろうか？」といった大問題をすらすらと小論文にまとめてしまうだけの手腕を持ち合わせているなら，卒論や修論に挑む際にも苦労が少なくて済むはずではないか。

　ここで筆者の個人的な体験を持ち出すことをお許し願いたい（論文執筆の際には避けるべきやり方だが）。論文作法を習っていたおかげで，卒論をはじめ様々な論文を執筆するうえで大いに助かったという経験は，筆者の場合もいっさいなかった。そうしたノウハウが教育の場で伝授されていなかったからだ。それでも日本語，フランス語である程度の数の論文を発表できたのはなぜだろう。結局のところひとえに，日本語，フランス語の論文をたくさん読んだおかげなのだ。

18　仏リベラシオン紙カリン西村記者へのインタビュー，日刊ゲンダイ DIGITAL，2020年12月29日。https://www.nikkan-gendai.com/articles/view/life/283278

　フランス文学を専攻する筆者の場合，それらの多くはフランスの文学・文化を巡る論文である。昨今は日本人研究者がフランス語でも業績を発表するのが当然とされている。逆に日本語論文でも，フランス流の書き方が暗に踏まえられ，意識されている。ということは，バカロレア的な論文の作法を筆者もまた，それらの論文を読み，学ぶうちに摂取吸収してきたということであり，自分で論文を書く際にそのことが大いに支えとなっているはずなのだ。

　ではそこで得られたノウハウとは何か。バカロレア対策の大きな柱とされる2つの事柄を掲げておきたい。「構想」plan，そして「弁証法」dialectique である。

　バカロレア受験生が小論文執筆でまず取り掛かるべきとされているのが「構想」だ。問題文をよく吟味し，どんな論点が可能か，いかなる引用によって論を支えるべきかを熟考したうえで，文章全体のアウトラインを作り上げる。いきなり書き出すなどというのはもってのほかで，この「プラン」の部分に十分な時間と配慮を注ぐべしと指導されている。

　プランの中に必ず取り入れなければならないのが「弁証法」である。ヘーゲル哲学の弁証法に由来する考え方だが，要するに「正・反・合」thèse, antithèse, synthèse の3段階で主張を展開させよということである。「定立・反立・統合」と訳してもいい。「相反する二つの見方の矛盾を解決して新たな見方やより大きな構図を提示する[19]」という論じ方が求められる。

　このうち，「構想」の重視は，我々が論文に取り組む際にも必ず心がけるべき姿勢である。論述問題ではあらかじめ「問い」が与えられているが，一般に，論文を書くときにはまず自分で「問い」を見つけなければならない。最初に思い浮かんだ「問い」を，どのように掘り下げ，広げていくことができそうか，十分に吟味してみるのである。

19　前掲注16『フランスのバカロレアにみる〜』第5章（渡邉雅子執筆），92頁。

　もちろん，論文にはあらゆる書きものと同様，書いてみなければわからないという性格がつきまとう。書いている途中に新しいアイデアが湧いてくるということはいくらでもあるし，そうでなければ困る。だからといって「構想」なしに出発するのではたちまち行き詰まったり，迷子になったりしてしまうだろう（フランス語の plan には地図，設計図の意味もある）。まずは書いてみたい事柄，触れるべき論点をノートにどんどん箇条書きしていく。大きな論文や著作に取り組むときには，まったく仮のものでいいので，全体のタイトルや各章の章題を考えてみるといい。空想の書物，理想の一冊を思い描く楽しさも味わえるはずだ。

　そうやって構想段階でメモした箇条書きや仮の章題は，以後，本格的に執筆に取り組む際に，そこから各部分を立ち上げていくための素材とも，よすがともなってくれる。そして執筆が進むとともに，箇条書きをどんどん増やし，タイトル候補も順次，変更していくことになる。

　「正・反・合」の弁証法の方は，それほど難しく考えず，とにかく「三拍子」がそろわないといい論文にはならないということを教えとして胸に刻んでおけばいいだろう。「正」だけではあまりに単調で，論文の射程が短かくなる。また「反」を付け足すだけでは尻切れトンボになってしまう。それらの要素を踏まえたうえで自説を大きくまとめていく態度が論文の豊かさにつながる。

　たとえば先ほどの「芸術作品とは必ず美しいものだろうか？」に答えるとしよう。まずは古代ギリシア以来，美の探求として芸術の歴史が成り立ってきたことに触れる。次いでバロック芸術やロマン主義の例を挙げて，「醜いもの」や「グロテスクなもの」もまた芸術作品の重要な要素ではないかという反措定を試みる。そのうえで，最後に「美醜」をこんぜんと溶け合わせることで別次元に昇華させる芸術の力を説いて結論とする。というような組み立てがすぐ考えられるだろう[20]。

　さらに，各パート内においても複数の要素を組み合わせながら論を作り出していくことを心がける。古代ギリシア的な美に対し，中国や日本の場合を絡めてもいい。「醜いもの」には笑いや恐怖といったテーマを組み合わせたらどうか。できるだけ視野を広く持ち，多角的に論じることで平板さを防ぎ，論旨を刺激に富んだものとする。「三拍子」はそのために有効なのである。

4. 啓蒙の「光」のために

　フランスでは，中学・高校をとおして以上のような論文の書き方や，論文執筆に必要な語彙を徹底的に学ばされる。こういう問いにはこういう文献を，こういう具合に引用せよというところまで教え込まれる。バカロレアの受験にはそれだけの時間と精力が注がれているのだ。

　イメージとしては「建築」が思い浮かぶ。プラン＝図面を引いた後，様々な引用や知識を石材のように運び込む。そして「正・反・合」の心構えで三次元の建造物を立ち上げるのである。学術論文はドレスコードに従うことが肝要と，社交の場か舞踏会に出るかのような言い方をしてしまったが，**執筆中の状況はむしろ建築現場に比すべきだろう。**

　そして建築現場がそうであるように，論文執筆のプロセスにもかなりの程度，機械的に進行させるべき部分が含まれている。フランスの高校生たちは，色の異なるカラーペンを握って文章を読み，「正・反の例証になりそうな部分を色分けすることが勧められている[21]」。そうやって「思考の型[22]」を我がものとするのだ。

　以上の事柄は，本来「型」を大切にする伝統があるはずなのに，論文の型の作り方は伝授されていない我が国の学徒にとって，貴重な刺激を

20　この「合」の部分が一番難しいであろうことは容易に想像がつく。正・反の対立を弁証法的に止揚するには至らず，最初の主張に戻って「それでも，やはり」としめくくるパターンもよく見られる。「合」について，詳しくは渡邉雅子「ディセルタシオンとエッセイ──論文構造と思考法の仏米比較」名古屋大学大学院教育発達科学研究科紀要（教育科学），第58巻第2号，2011年を参照のこと。
21　前掲注16『フランスのバカロレアにみる～』第5章（渡邉雅子執筆），100頁。

含むものだ。何よりも大切なのは，**型の中に批判的な思考へのステップが含まれていること**ではないか。そこにこそ，「なぜ我々は論文を書くのか」の根拠もあるはずだろう。

　西欧の文学・思想の流れを考えるとき，18世紀のいわゆる啓蒙思想の果たした役割が大きいことが折に触れ，実感される。教会の権威から人々が徐々に解き放たれ，一人一人が自分の頭で考え，自らの人生を生きるようになる。ルソーやディドロは伝統や先入観にとらわれず自発的に考えることの重要性さを説き，ヴォルテールは相対的な思考による寛容の大切さを訴えた。カントは「〈自分自身の悟性を使用する勇気を持て〉，これが啓蒙の標語である」と記した[23]。フランス流の論述対策教育は，そうした悟性を発揮するための徹底した鍛錬になっている。そして論文とはその成果なのだ。

　ここで思いは，バカロレア制度がいまだ存在していなかった18世紀に飛ぶ。ジャン＝ジャック・ルソー（1712-78年）の思想がその後の社会に及ぼした影響の甚大さは改めて言うまでもない。学問芸術に対してラディカルな批判の刃を向けた『学問芸術論』（1750年），人間社会のあり方を根源的に問い直した『人間不平等起源論』（1755年）。これらいわゆる「第一論文」「第二論文」を皮切りに，『社会契約論』や『エミール』，『新エロイーズ』や『告白』といった重要な著作が続々と発表されていった。それにしても，ジュネーヴの時計師の子として生まれ，12歳で徒弟奉公に出されたジャン＝ジャックは，中等教育も高等教育も受けていない。学歴のまったくない彼が，ヨーロッパのみならず世界を揺るがすような「論文」を次々に書くことができたのはいったいなぜなのか。

22　前掲注16『バカロレア幸福論〜』49頁。前掲注16『フランスのバカロレアにみる〜』第2章（細尾萌子執筆），50頁には「作文を書くには思考しなくてもよい」というフランス人教師の衝撃的な言葉が紹介されている。「型」さえあれば書けるということなのだ。

23　カント「啓蒙とは何か」『カント全集』第14巻，岩波書店，2000年，福田喜一郎訳，25頁。啓蒙思想の意義については，ツヴェタン・トドロフ『啓蒙の精神——明日への遺産』石川光一訳，法政大学出版局，2008年を参照。

　「第一論文」執筆の経緯を，ルソーは後年『告白』で語っているが，ここでは同じ事柄を知人に詳しく書き送った書簡の一部を参照してみよう。

　　私は当時ヴァンセンヌに囚われていたディドロに会いに行くところでした。ポケットには「メルキュール・ド・フランス」誌を入れていたので，道すがらそれをぱらぱらとめくり始めました。ディジョンのアカデミーの懸賞課題が目に入ります。私の最初の著作のきっかけになった課題です。突然の霊感にも似た何かがもしもあるとすれば，それを一読した時私のうちに起こった動きがそれです。突如として私の精神は無数の光に照らされ，目の眩む思いがします。生き生きとしたおびただしい数の想念が力強く，同時に混沌として，精神に湧きあがり，私を名状しがたい混乱のうちに投げ込みました（「マルゼルブへの手紙」1762年1月12日付[24]）

　このころ，ルソーの無二の親友だった哲学者ディドロは，『盲人書簡』（1749年）が危険文書とされてヴァンセンヌ監獄に投獄されていた。その友との面会に向かう途上で，ルソーが「霊感」に打たれたという伝説的場面である。彼の天才的な才能が突然に発現した瞬間と見ることもできよう。しかし，ここでは引用中の2つの固有名詞に注目する必要がある。「メルキュール・ド・フランス」およびディジョンのアカデミーである。
　「メルキュール・ド・フランス」は17世紀に創刊された有力な月刊誌であり，文学芸術全般を扱う総合文化誌だった。ルソーにとっては貴重な情報源の一つであっただろう。ポケットに入れていたというのだから，彼がいつでもどこでもこうした印刷物に読みふける読書家だったことが

24　永見文雄『ジャン＝ジャック・ルソー──自己充足の哲学』勁草書房，2012年，62頁（翻訳は永見による）。

うかがえる。重要なのは，この月刊誌にはフランスの諸アカデミーの催しや活動状況を伝える欄も存在した。このときルソーのポケットに入っていたのは同誌の1749年10月号だったに違いない。

　フランス国立図書館のデジタルアーカイヴ収蔵の同誌同号に目を通すと，「ディジョンの学術文芸アカデミーの論文題目」として，「諸学と技芸の復興は習俗を純化するのに寄与したか」という懸賞論文公募を告知する記事が掲載されていることを確認できる[25]。雑誌記事のおかげで，独学者ルソーも学問の世界とつながりを持つことができたのだ。

　公募には誰でも応募することができ，学歴等はいっさい不問であった。それどころか，著者に関する情報によって審査が左右されることを避けるため，著者の身元を伏せて原稿を送付することが求められており，そのための方法が細かく指示されていた[26]。平等かつ自由な言論の場が，アカデミーによって保障されていたことがわかる。

　ディジョンはワインで知られるブルゴーニュ地方の古都で，首都パリからは距離がある。フランスでは当時，「地方に続々とアカデミーが誕生」し，「なかでもボルドーとディジョンのアカデミーの活動が際立っていた[27]」。第一論文に続き，ルソーの第二論文『人間不平等起源論』もまた同じディジョンのアカデミーの懸賞課題に応えるべく書かれたものだった。「人々の間における不平等の淵源は何か」という，社会の現状に対するラディカルな批判につながりうる問題提起は，ルソー自身ではなくアカデミーの発案によるものだったわけである。

　　わたしはこの大問題に打たれると同時に，あのアカデミーがよくもこういう題を出したものだと驚かされた。だがアカデミーにそれだ

25　« Programme de l'Académie des Sciences et des Belles-Lettres de Dijon, pour le Prix de Morale de 1750 », *Mercure de France*, octobre 1749, p.153-155. 下記サイトを参照。https://gallica.bnf.fr/ark:/12148/bpt6k63680284/f154.item
26　前掲注25，p.154-155.
27　前掲注24，63頁。

けの勇気がある以上，わたしもこれを論ずる勇気をもっていいわけ
だ。そこで，この仕事にとりかかった[28]。

　こうして，思想家ルソーの誕生の背景には，同時代の知的な環境とし
てのアカデミーが大きな役割を演じていたことがわかる。もちろん，ル
ソーの豊かな著述活動が，彼の才能と努力のうえに花開いたことは間違
いない。しかし同時に，アカデミアの及ぼす刺激がルソーを大いに奮い
立たせたことも過小評価すべきではない。アカデミアに参入し，そこで
の評価を経ることにより，ルソーの仕事は個人的な思いつきという次元
を超えて，いわば公の，第三者と分かち合えるものとしての性格を得た
のである。**アカデミアとは，知の生産と共有のシステムを保証する制度**
なのだ。その制度が，形式主義や伝統墨守の堅苦しさを押しつけるので
はなく，生き生きとした学問や思考の発露を支えるものとして機能する
とき，そこには「啓蒙」の精神が脈打ち続ける。
　啓蒙主義はフランス語では「リュミエール」Lumières という。もと
もと「光」を表す名詞の複数形である。啓蒙主義は決してフランス思想
史の一頁というに留まらない。人が「自分自身の悟性を使用する勇気」
をもつとき，そこには必ずや「光」が宿る。学問とはその「光」を継承
し次世代に伝える営為にほかならない。
　アカデミアの門をくぐり，自分なりの研究の成果をつづる。いかにさ
さやかなものであれ，それが啓蒙の光度を一目盛り高める営みとなるこ
とを信じて，論文執筆に向かおうではないか。

28　ルソー『告白（中）』桑原武夫訳，岩波文庫，1989年，174頁（一部表記変更）。

参照文献

小林秀雄およびランボーに関しては,

・小林秀雄「ランボオⅠ」「ランボオⅡ」『新訂　小林秀雄全集　第2巻　ランボオ・Xへの手紙』新潮社, 1978年

・小川亮彦「小林秀雄の卒業論文「Arthur Rimbaud」：「ランボオ1」から「ランボオ2」への架橋」『山梨学院大学一般教育部論集』山梨学院大学一般教育部研究会編, 1995年, 17号

・アルチュール・ランボー『ランボー全集』, 平井啓之・中地義和・湯浅博雄・川那部保明訳, 青土社, 2006年

・中地義和編『対訳　ランボー詩集』岩波文庫, 2020年

論文執筆のガイドブックとしては,

・澤田昭夫『論文のレトリック――わかりやすいまとめ方』講談社学術文庫, 1983年

・清水幾太郎『論文の書き方』岩波新書, 1959年

・戸田山和久『新版　論文の教室――レポートから卒論まで』NHK出版, 2012年

バカロレアに関しては,

・坂本尚志『バカロレア幸福論――フランスの高校生に学ぶ哲学的思考のレッスン』星海社新書, 2018年

・細尾萌子・夏目達也・大場淳編著『フランスのバカロレアにみる論述型大学入試に向けた思考力・表現力の育成』ミネルヴァ書房, 2020年

・渡邉雅子「ディセルタシオンとエッセイ――論文構造と思考法の仏米比較」名古屋大学大学院教育発達科学研究科紀要（教育科学）, 第58巻第2号, 2011年

啓蒙思想およびルソーについては,

・カント「啓蒙とは何か」『カント全集』第14巻, 岩波書店, 2000年, 福田喜一郎訳

・永見文雄（2012年）『ジャン＝ジャック・ルソー――自己充足の哲学』勁草書房

・« Programme de l'Académie des Sciences et des Belles-Lettres de Dijon, pour le Prix de Morale de 1750 », *Mercure de France*, octobre 1749

・ルソー『告白』上・中・下, 桑原武夫訳, 岩波文庫, 1989年

15 研究のあり方：学術研究における研究倫理

辰己丈夫

《目標＆ポイント》 学術研究を進めるにあたって，社会的合意として許容されない研究目的と，研究手法について考える。特に，倫理的判断の際に重要なジレンマ状態について，哲学的な観点を交えて考察する。
《キーワード》 倫理

1. 倫理とは

　私たちが，人間として社会生活を送っていくためには，社会に何かのルールが必要となる。倫理とは，まさにその社会的なルールの総称である。

　哲学者である和辻哲郎は，『人間の学としての倫理学』[1]において，次のように述べている。

> 我々は （中略） 倫理という概念を，主観的道徳意識から区別しつつ，作り上げることができる。 （中略） それは人々の間柄の道であり秩序であって，それがあるゆえに間柄そのものが可能にせられる。

　また，哲学者のジル・ドゥルーズは，『スピノザ・実践の哲学』（和訳本）[2]において，次のように述べている。

　　道徳は「内的な根拠による『〜すべし』」に従うのに対し，エチ
　　カ（倫理）は社会的な規範である。

　倫理と道徳の違いについて述べられた他の文献でも，同様の記述が見
られる。この記述より，以下のことがわかる。
- 倫理は，社会のルールであり，その社会で意味を持つ。倫理と関連
　が深い言葉には，社会，規範，法律，規則，ルール，マナー，エチ
　ケット，集団，連盟，連合などがある。
- 道徳は，個人間の関係であり，個人同士で意味を持つ。道徳と関連
　が深い言葉には，約束，正義，相手への義務，相手への思いやり，
　二者，個別交渉などがある。

　本章では，この後，研究倫理について述べるが，これはまさに，「研
究者」の社会で守られるべきルールのことであり，応用倫理として後述
する。
　ここで重要な指摘をしておく。倫理は社会のルールである以上，社会
が異なるとルールも異なってよい。たとえば，日本社会における倫理的
なふるまいは，他の国の社会では倫理的でないこともある。また，道徳
は約束ごとである以上，倫理には合わない可能性もある。これは，倫理
的ジレンマといって，本章の後半で取り扱う。

（1）黄金律

　黄金律とは，「他人にしてもらいたいことを，自分は他人にするべき
である」という行動原理である。たとえば，新約聖書の「マタイによる
福音書」7章12節に見られるが，それとほぼ同義の行動原理は，孔子
「論語」，イスラム教，ヒンドゥー教など，多くの宗教で伝えられてい
る[3]。

　倫理学では，多くの考え方があるが，黄金律は，その中でも利他的な考え方の基本であり，人間同士が社会を形成するうえでの，根本的な基本原理であると言われている。

　もっとも，黄金率に対する批判もある。
- 自分がして欲しいことは，他人がして欲しいことと同じではないかもしれない。
- 自分がされたくないことが，他人はされたいことかもしれない。

いずれも，自分と相手の趣味・趣向が異なる場合に生じる状況である。

　したがって，黄金律が絶対的な原則であると考えるのではなく，平等・中立な社会を構成するうえで，重視されるべき原則であると考えるべきである。

（2）功利主義

　現代社会の多くに見られる道徳の考え方の一つに，功利主義がある。功利主義では，その行為が「よい」かどうかは，その行為を行った後に利することができる結果で評価・決定できると考える。

　例として次の問題を考える。
- ある人が毎日食べている食事に，有害成分が含まれている可能性がある。
- 何かの理由（言語や，宗教や，政治など）があり，本人に断って分析用のサンプルを持ち出すことができない。
- 本人に嘘をついてでも，サンプルを持ち出して，有害成分が含まれているかどうかを確認してよいか。

　その分析・調査を行うことは，その所有者の健康面や財産の観点で，それを所有し続けるよりも，調査をする方が利することも明らかである。もし，健康を最も優先する立場ならば，その食事の一部をサンプルとし

て持ち去ってよい，と判断するべきであろう。

　しかし，ここでは，本当に，「本人に断って分析用のサンプルを持ち出すことができない」のかを慎重に判断する必要がある。「無断で持ち去ることなく，サンプルを手に入れる方法はないのか」「調査者が有害成分とみなしている成分は，本当に有害なのか」も，検証のうえ判断する必要がある。

　したがって，このような行為を行ってよいかどうかの判断は，自分が功利主義的かどうかだけで決めることはできない。必ず，その分野の専門的な知識に基づいた判断が必要となる。

（3）最大幸福原理

　功利主義の考え方の一つに，ベンサムが提唱した「最大幸福原理」がある。これは，その行為によって生ずる「幸福」の総和から，「不幸」の総和を引いた値が大きくなる行動原理のことである。

　たとえば，1人の命を奪い，生体臓器移植によって，このままでは間もなく死んでしまいそうな2人以上の命を救うという行為を考える。このとき，幸福の総和は不幸の総和を上回ることになる。したがって，最大幸福原理に従えば，この行為は容認されることになる。

　実際には，2人の命を救うために1人の命を犠牲にするという行為は，社会的に容認されることではない。だが，その「1人」が，その時点で脳死状態であったり，外傷によって間もなく亡くなると予想される人であれば，一定の手続きを取ることで，この行為を容認するルール（臓器移植法）が作られている。

　イギリスの哲学者ミルは，黄金律を，功利主義の元になる「快楽」の根拠にした。つまり，ミルによれば，人が黄金律に従った行動をするとき，その人は「快楽」を感じ，そして，その快楽の総量が最大になるよ

うに振る舞うべき，となる。

2. 学術研究と法令

（1）法と実例

　学術研究を行うにあたり，いくつかのルールに従う必要があるが，その中でも，法令（憲法と法律）に反する行為は，通常は認められないと判断すべきである。

　たとえば，著作権法では，他人が著作権を主張する著作物を，無断で複製して頒布することはできない。今，あなたの目の前で，A氏が著作権を持つと思われる文書を，B氏がA氏に無断で複製して，それを販売していたとするならば，それは倫理的な原則に反する行為であると判断できる。このように，具体的な行為が，倫理に従っているかどうかを判断することが，倫理的判断である。

　したがって，倫理的判断を行うには，まず，法・倫理がどのようになっているのかを知る必要がある。

　ここでは，学術活動を日本国内で行うときに，従うべき主な法令を取り上げる。

（2）著作権法

　著作権法は，元々は15世紀から16世紀のイタリア・イギリスで発生した概念であり，現在の私たちの社会生活においては，非常に重要なルールとして存在している。著作権法の基本的なルールについては，別の書物[4]・授業などを参照されたい。ここでは，研究倫理の観点から，著作権法について述べる。

■ものではなく表現　著作権法が保護するのは，ものではなく表現である。言い換えると，写真を記録したUSBメモリを入手したとしても，

特別な契約がないかぎりは，モノの所有に過ぎない。その中に入っている写真を勝手に複製して頒布できない。

■**国際性**　世界的に見れば，著作権法に関しては，ベルヌ条約加盟国のそれぞれが国内法として制定することになっている。日本も，ベルヌ条約を批准しており，著作権法を持っている。

■**登録不要**（ベルヌ条約加盟国の場合）　著作権は，著作性がある作品を制作したときから，直ちに有効になる。特許権や商標権が，届け出をしないと有効ではないのとは対照的である。

■**著作隣接権**　著作権に付随して発生する権利もまた，法令の対象となる。

たとえば，著作物を放送する権利は，放送権という権利で保護されている。したがって，権利者に無断で放送することはできない。

著作権法は，長い条文ではなく，比較的読みやすい。また，扱われている内容が現在の私たちの生活に密着している。全文を読解すると，非常に有益である。

なお，著作権侵害は，特別な場合を除いて親告罪[1]となっている。これは，被害者が告訴しないかぎり警察が捜査を行わない犯罪に該当する。言い換えると，被害者のはずの人が容認すれば，それは犯罪行為とはならない。

（3）個人情報保護法

1980年，「OECD 8 原則」[2]による個人情報保護の原則制定に始まり，日本でも1988年には行政機関個人情報保護法が，2003年には個人情報保護法が施行された。

1　著作権侵害が非親告罪として公訴できるのは，ほぼ完全な複製が，著作権者の知らないところで無断で頒布されていたり，公開されている場合などである。これは，週刊のマンガ雑誌の内容が，発売直後に第三者のサイトで公開・販売された事件への対策である。

2　The OECD Guidelines on the Protection of Privacy and Transborder Flows of Personal Data, 1980

現在の個人情報取り扱いの原則は，次の3つである。

- ●目的を明確にして個人情報を収集する。
- ●それ以外の目的には無断で転用しない。
- ●第三者に無断で提供しない。

たとえば，次に挙げる行動は，いずれも，当事者に無断で行えば，個人情報の取り扱いとしては好ましくなく，プライバシーの侵害として考えられることでもある。

- ●イベント参加者を募集するときに，FAXを使った連絡を取る予定がないのに，登録フォームの質問項目に，FAX番号を設けた。
- ●研究上必要なアンケートを行ったときに取得した回答者のメールアドレスに，研究者が自ら実施するイベントの告知のお知らせを送付した。
- ●学会のシンポジウム参加者の氏名とメールアドレスを，シンポジウムに金銭的な補助をしているスポンサーの業者に提供した。

また，取得した個人情報は，漏えいなどの事故がないように管理し，必要が無くなったら消去するべきである。

なお，個人情報の漏えい事故の際の被害を防ぐために，以下のことを行っておくのは有効である。

- ●個人情報を含むファイルを作成・保存する際には，十分に強固なパスワード（たとえば，アルファベット16文字以上）を設定しておく。
- ●アンケート結果などの個人氏名を，通し番号や仮名ですべて書き換える。個人氏名だけでなく，個人を特定できるデータは，すべて通し番号化や仮名化しておく。

3. 学術的な研究とジレンマ

本節では，学術研究で直面するジレンマについて述べる。

（1）文化を理解するための研究

　様々な文化を調査して，そこから何かを見出す研究をしているA氏は，研究の都合上，古い写真を大量に入手する必要があった。だが，十分な研究資金がなく，これを購入することができない。一方で，webを検索すると，必要な写真を簡単に手に入れることができることがわかった。この場合，webで手に入れた写真を利用して研究を行っていいのか，という問題を考える。

　この場合は，一見すると次のジレンマ構造を見つけることができる。

●研究を進めるためには，著作権法の違反をしなければいけない

●著作権法を守ろうとするなら，研究を進めることができない

　当然であるが，この場合は著作権法に反する行為を行うことはできない。したがって，上記の前提のままであるならば，この研究を進めることはできない，という結論を得る。

　だが，ここで研究を諦めるのではなく，進められるようにする可能性を検討することは必要である。

⑴　まず，その写真は，本当に著作権があるのか，無料で使えないのかどうかを調べる。

　たとえば，著作権法の旧法の適用になっていないかどうかを確認する。文化庁の資料[5]などによれば，写真の著作権は，以下のように変遷している。

●1899年3月4日施行　公表後10年

●1962年4月5日施行　公表後13年

●1971年1月1日施行　公表後50年

●1997年3月25日施行　著作権者の死後50年

●2016年12月30日施行　著作権者の死後70年

それぞれ，新しい法律が施行された日の前日の時点で著作権が消滅し

ているものは，権利が復活することはない。1964年に亡くなった写真家の写真は，2015年1月1日に著作権が消滅し，2016年1月1日に復活しない（ただし，これは「公開された写真」に限るものであって，未公表の写真を入手した場合に，それを無断で公表することはできない）。

⑵　もし，有効な著作権があることがはっきりしている場合は，正しい著作権者を探して，無料，あるいは低価格での利用許可を得る努力をすることになる。また，著作者がクリエイティブ・コモンズなどのライセンスで公開している場合は，無料で利用できる。

⑶　さらに，無料で合法的に利用できる他の写真がないかどうかを探すことも，研究を進めるうえで必要である。

　この問題の場合は，研究者がジレンマ構造に思えた問題に対して，そもそも，ほんとうに避けられないジレンマ構造に陥っているのかを，慎重に検討することが重要である。法的な知識が足りないとか，代用できるものを検討して，それでもダメならば違法行為を避け，諦めるのが妥当である。

（2）医療・健康のための研究

　医療や健康を増進させるための研究は，通常は「よい研究」とされる。だが，この研究を進めるために，たとえば個人情報保護法に反する行為を行わざるをえない状況であった場合，その研究を進めていいのだろうか。たとえば，ある病気の検査のために提出された検体を利用し，他の新種の病気の検査をして，もし問題があれば本人に通知していいのか，という問題を考える。

　ここで発生するジレンマは，次のものである。

●医療を進めるならば，個人情報の目的外利用をすることになる

●個人情報の目的外利用をしないなら，当人の病気が進む可能性がある

　法律と生命の問題は，慎重に議論することが求められる。研究の新規性は，研究論文を書くうえでは重要なことであるが，だからといって，違法な状態で進めていいものではない。

　日本では，上で述べた問題のうち，「人を対象とする生命科学・医学系研究に関する倫理指針ガイダンス」（厚生労働省）[6]のインフォームド・コンセントの項で，オプトイン（事前承諾）を必要とせず，オプトアウト（事後承諾）で認められる場合に該当する場合は，研究を進められることになる。このことを知らないと，研究が進まないことになってしまう。

　もし，このようなジレンマ状況に陥った場合は，ちゅうちょすることなく，問題を研究に関係する人に伝え，多くの人と議論しながら，合意点を探る努力が必要となる。決して，1人の研究者が単独で判断するようなことではない。

（3）ELSI（Ethical, Legal and Social Issues）

　過去にも，自然科学における真理を知るために行われる研究が，その後の社会を変えてきた。たとえば，電気の発見は我々の夜を灯し，放射性物質の研究は核兵器へとつながり，遺伝子に関する研究は農業・畜産業で活用された。コンピュータは計算をして，人工知能もできあがるようになった。このように，研究の結果，科学的な真理がわかった後に，それを実用化する作業は，一般的には工学と呼ばれる領域に属する。また，数学は自然科学とは異なるものの，素数の性質を追求してきた歴史があったからこそ，安全な暗号方式が確立された，ということもあった。

　このように，新しい科学技術が，社会にどのように影響を与えるか，

という問題は，ELSI（Ethical, Legal and Social Issues, 倫理的・法的・社会的問題）と呼ばれ，重要な問題として認識されつつある。

　たとえば，自動車に関する基本的な技術が研究されてきた結果，自動車という機械が登場し，それが，街の作りや，人の住み方・暮らし方を変化させた。自動車が実用的になったのは20世紀初頭のアメリカであるが，その当時に，ELSIをしっかり検討していなかったことから，公害も，交通事故も発生するようになってしまった。

　ところで，科学の研究には，学術的満足のために行われる「興味を満足させるためだけの研究」「調査するだけの研究」がある。たとえば，数学における素数の分布を調べるなど。そこに調べたいものがあるから調べるのが，研究の目的である。

　この場合，研究成果は，そもそもの研究目的が工学に属するものではないため，ELSIを議論しようがない。それゆえ，ELSIを考えなければいけないのは，こういう研究を「活かす」ことを考える工学者・技術者・経営者となる。

　これからの私たちは，さらに多くの科学技術の深化・発達に伴って，社会が急速に変わっていくのを目にすることになる。そのとき，ELSIを考慮しないで実用化の研究を行うことは，許されない状況に変わっていくと思われる。研究者は，自らの研究が，他者によってどのように使われるのかについても，注意する必要があると言える。

（4）インパクト・ファクター，ハゲタカジャーナル，ディプロマ・ミル

　学術研究において，研究を行い公表することで，研究成果が作られていくが，現在は，論文が研究成果として重要視されている。

　その論文誌が，どの程度しっかりとした査読を行っているか，どの程度の査読通過率であるかは，論文誌の編集委員会が公表しており，それ

を見ることである程度の判断ができる。特に国際的な論文誌では，インパクト・ファクターという格付け指標が付けられている。格上の論文誌に掲載されることは容易ではないが，それは，よい研究成果であることを意味する。

　一方で，「論文として公開されればいい」という誤った考え方もある。その影響として，通称「ハゲタカジャーナル」と呼ばれる論文誌の存在が問題視されている。これは，きちんとした査読を行わず，高額な投稿料・掲載料を要求するジャーナルであり，学術的な審査を行う場合には，全く評価されないことになる。自分が投稿しようとする論文誌が，ハゲタカジャーナルではないかどうかは，慎重に調査することが必要である。ハゲタカジャーナルについては，「オープンアクセスジャーナルに論文を投稿する際の注意事項　ハゲタカジャーナルにご注意ください」（広島大学ライティングセンター）[7]など，多くの大学などが，注意喚起を行っている。

　また，お金さえあれば簡単に博士学位を出す機関もある。大抵は「大学」を名乗っているが，大学としての機能はない。こういう機関は，まるで「ミル（工場）」のように学位（ディプロマ）を製造することから，「ディプロマ・ミル」と呼ばれ問題になっている。

　日本では，学校教育法によって，大学を名乗ることができる教育機関は，文部科学省に認められたものに限られるので，日本国内に本拠地を持つディプロマ・ミルは存在しない。だが，海外に本拠地がある「大学」を名乗る機関では，ディプロマ・ミルが消滅していないのも事実である。

　ほかに，研究不正なども重要な問題であり，日本学術振興会などが，注意喚起を行っている[8]。

4. 研究倫理計画書

（1）放送大学における研究倫理計画書

　日本では，人を対象とする研究の研究責任者は，厚生労働省の「人を対象とする生命科学・医学系研究に関する倫理指針ガイダンス」[6]にあるように，研究対象者の人権擁護のため，研究の倫理的妥当性および科学的合理性が確保されるように研究計画書を作成し，研究機関の長の許可を受け，計画に即して研究を遂行する必要がある。

　放送大学では，放送大学研究倫理委員会／倫理審査のwebサイト[9]に，その理由・申請方法や，わかりやすいQ&Aが掲載されている。

図15-1　放送大学研究倫理委員会／倫理審査

（2）利益相反

　ここでは，放送大学研究倫理委員会の web サイト[9]に掲載されている項目のうち，人を対象としない研究の場合でも気を付けなければいけない利益相反について，解説する。

　利益相反とは，研究を進めることが，それ以外の利害関係と直接・間接的に結びつく状態のことである。大学であれば，経済的な利害関係や，地位確保の利害関係で注意するべきである。具体的には，以下の例が考えられる。

- 研究者A氏は，ある研究を進めるにあたり，十分な性能を確保するため，B社の製品を使用する必要があった。一方，A氏は，この研究分野の発展を願い，数年前からB社の株を大量に保有していた。
- 教員C氏は，社会人学生であるD氏を指導していた。教員C氏は，大学の業務を進めるにあたり，ある役務を発注することとなった。学生D氏の会社は，この役務を担当できる。

　上記の場合，どのように考えればいいだろうか。A氏は，B社の製品の発注者でありながら，B社の株主であることから，研究費がA氏の経済的利益に結びつく可能性がある。

　教員C氏が，学生D氏の会社に役務を発注するならば，学生D氏は教員C氏からの評価（心象）をよくするために，不当に値下して会社に損害を与えるかもしれない。あるいは，学生D氏が適正価格で役務を受注した結果，教員C氏がD氏の成績を下げるかもしれない。

　いずれの場合も，利益同士が相反するジレンマ状態が発生している。

　現在，多くの大学では，営利企業も含め，産学連携が推奨されている。教員の中には，（大学から許可を得て）民間企業から一定の報酬を得ている者もいる。したがって，利益相反の発生は増加する状況にある。

　放送大学研究倫理委員会の web サイトでは，この状況について，以

下の回答を掲載している。

Q4-3. 利益相反状態にあるかもしれません。研究はできないので
しょうか？

A4-3. 利益相反は産学連携による研究を進める上では日常的に
生じる状況で，それ自体は批判されたり非難されたりするもの
ではありません。法令に違反した状態である研究不正とは全く
異なります。利益相反に関する情報を適切に開示し，研究対象
者や社会全体に対し責任ある説明をすることが研究倫理上重要
です。

　どれだけ注意しても，結果として利益相反が生じることがある。そこ
で，どのような利益相反があり，その結果，どれだけの利益・報酬を得
たのかなどの状況を，わかりやすく開示していくことで，研究者として
の責任を果たすべきである，と言える。一方で，立場に関する利益相反
に対しては，可能なかぎり諦めるしかない。

　先述の場合は，研究者A氏の場合は，B社の株を保有していることと
利益相反になりそうなことを事前に研究倫理委員会に報告しておき，ま
た，教員C氏は学生D氏が関わらない企業に発注するのが妥当となる。

参照文献

[1]　和辻哲郎．人間の学としての倫理学．岩波書店，2007．ISBN4-0038-1104-7．

[2]　ジル・ドゥルーズ（鈴木雅大・訳）．スピノザ・実践の哲学．平凡社，1994．p. 45，L14．

[3]　岡部光明．Do for others（他者への貢献）：黄金律および利他主義の系譜と精神構造について．明治学院大学国際学研究，Vol. 46，pp. 19-49，oct 2014．

[4]　白田秀彰．コピーライトの史的展開，知的財産研究叢書，第2巻．信山社，1998．ISBN4-7972-2129-1．

[5]　文化庁．著作物等の保護期間の延長に関するQ&A．https://www.bunka. go.jp/seisaku/chosakuken/hokaisei/kantaiheiyo_chosakuken/1411890.html （2021.8.11閲覧）．

[6]　人を対象とする生命科学・医学系研究に関する倫理指針ガイダンス．厚生労働省，2021．https://www.mhlw.go.jp/content/000769923.pdf（2021.10.15閲覧）．

[7]　広島大学ライティングセンター．オープンアクセスジャーナルに論文を投稿する際の注意事項　ハゲタカジャーナルにご注意ください．https://www. hiroshima-u.ac.jp/wrc/resource/predatory（2021.10.15閲覧）．

[8]　科学の健全な発展のために―誠実な科学者の心得―．日本学術振興会，2015． https://www.jsps.go.jp/j-kousei/rinri.html（2021/10/15閲覧）．

[9]　放送大学研究倫理委員会．放送大学研究倫理委員会／倫理審査．https://www. ouj.ac.jp/hp/gakuin/irb/（2021.10.15閲覧）．

索 引

●配列は五十音順，＊は人名を示す。

分担執筆者紹介

奈良由美子 (なら・ゆみこ)

1996年　奈良女子大学大学院人間文化研究科修了。博士（学術）
現在　㈱住友銀行，大阪教育大学助教授等を経て，放送大学教授
専攻　リスクマネジメント学，リスクコミュニケーション論
主な著書　『レジリエンスの心理学──社会をよりよく生きるために』
（共著　金子書房，2021）
『コミュニティがつなぐ安全・安心』（共著　放送大学教育振興会，2020）
『大学生が狙われる50の危険』（共著　青春出版，2020）
『レジリエンスの諸相』（共編著　放送大学教育振興会，2018）
『リスクコミュニケーションの現在──ポスト3.11のガバナンス』（共編著　放送大学教育振興会，2018）
『リスクマネジメントの本質』（共著　同文舘出版，2017）
『改訂版　生活リスクマネジメント──安全・安心を実現する主体として』（単著　放送大学教育振興会，2017）
『安全・安心と地域マネジメント──東日本大震災の教訓と課題』（共著　放送大学教育振興会，2014）
『生活知と科学知』（共編著　放送大学教育振興会，2009）
『情報倫理の構築』（共著　新世社，2003）
『情報生活のリテラシー』（共編著　朝倉書店，2002）
『生活と環境の人間学──生活・環境知を考える』（共著　昭和堂，2000）
Resilience and Human History: Multidisciplinary Approaches and Challenges for a Sustainable Future（共編著　Springer，2020）
Social Anxiety: Symptoms, Causes, and Techniques（共著　Nova Science Publisher，2009）
Community in the Digital Age: Philosophy and Practice（共著　Rowman & Littlefield，2004）

辰己　丈夫 <small>（たつみ・たけお）</small>

・執筆章→6・7，15

1991年	早稲田大学理工学部数学科卒業
1993年	早稲田大学情報科学研究教育センター助手
1997年	早稲田大学大学院理工学研究科数学専攻博士後期課程退学
1999年	神戸大学発達科学部講師
2003年	東京農工大学総合情報メディアセンター助教授（2007年から准教授）
2014年	筑波大学大学院ビジネス科学研究科企業科学専攻博士後期課程修了
	博士（システムズ・マネジメント）
2014年	放送大学准教授
2016年	放送大学教授（現在に至る）

他に，2021年現在，東京大学非常勤講師（理学部，教養学部），千葉大学非常勤講師（理学部），情報処理学会理事。

主な著書　『キーワードで学ぶ最新情報トピックス2021』（共著　日経BP，2021）
　　　　　『教養のコンピュータサイエンス　情報科学入門［第3版］』（共著　丸善，2020）
　　　　　『情報科教育法［改訂3版］』（共著　オーム社，2016）
　　　　　『情報と職業［改訂2版］』（共著　オーム社，2015）
　　　　　『情報化社会と情報倫理［第2版］』（単著　共立出版，2004）

森　津太子 (もり・つたこ)

・執筆章→8・9

1970年	岐阜県に生まれる
1998年	お茶の水女子大学大学院博士課程単位取得退学
現在	放送大学教養学部心理と教育コース教授・博士（人文科学）
専攻	社会心理学，社会的認知
主な著書	『社会・集団・家族心理学』（単著　放送大学教育振興会，2020）
	『心理学概論』（共著　放送大学教育振興会，2018）
	『現代の認知心理学―社会と感情―』（分担執筆　北大路書房，2010）
	『社会心理学―社会で生きる人のいとなみを探る―』（分担執筆　ミネルヴァ書房，2009）

安池　智一 （やすいけ・ともかず）

・執筆章→12

1973年	神奈川県横須賀市に生まれる
1995年	慶應義塾大学理工学部化学科卒業
1997年	慶應義塾大学大学院理工学研究科化学専攻前期博士課程修了
2000年	慶應義塾大学大学院理工学研究科化学専攻後期博士課程修了
	博士（理学）

日本学術振興会特別研究員（PD），東京大学博士研究員，京都大学福井謙一記念研究センター博士研究員，分子科学研究所 助手・助教（総合研究大学院大学 助手・助教を兼任）を経て

2013年	放送大学教養学部准教授，京都大学 ESICB 拠点准教授
2018年	放送大学教養学部教授，京都大学 ESICB 拠点教授（現在に至る）
専門	理論分子科学
主な著書	『大学院講義 物理化学 I　量子化学と分子分光学』（東京化学同人，2013）
	『化学反応論──分子の変化と機能』（放送大学教育振興会，2017）
	『初歩からの化学』（放送大学教育振興会，2018）
	『量子化学』（放送大学教育振興会，2019）
	『エントロピーからはじめる熱力学』（放送大学教育振興会，2020）

松原隆一郎（まつばら・りゅういちろう）

・執筆章→13

1956年	神戸市生まれ
1979年	東京大学工学部都市工学科卒業
1985年	東京大学大学院経済学研究科博士課程単位取得退学

東京大学教養学部助教授，同大学院総合文化研究科助教授を経て同教授，同名誉教授

2018年より放送大学教授

専攻	社会経済学，相関社会科学
著書	『消費資本主義のゆくえ』（ちくま新書，2000）
	『経済思想』（新世社，2001）
	『失われた景観―戦後日本が築いたもの―』（PHP新書，2002）
	『長期不況論』（NHKブックス，2003）
	『分断される経済―バブルと不況が共存する時代―』（NHK出版，2005）
	『経済学の名著30』（ちくま新書，2009）
	『日本経済論―国際競争力という幻想』（NHK出版新書，2011）
	『ケインズとハイエク―貨幣と市場への問い』（講談社現代新書，2011）
	『経済思想入門』（筑摩学術文庫，2016）
	『経済政策』（放送大学教育振興会，2017）
	『頼介伝』（苦楽堂，2018）
	『荘直温伝　忘却の町高梁と松山庄家の九百年』（吉備人出版，2020）
共著	堀部安嗣・松原隆一郎『書庫を建てる』（新潮社，2014）
	小池百合子・松原隆一郎『無電柱革命』（PHP新書，2015）
	松原隆一郎監督・制作『森山威男　スイングの核心』（ヤマハミュージックエンタテイメント，2017）
翻訳	『シュンペーターのヴィジョン』（八木甫・西部邁との共訳，HBJ出版局）
	R. ハイルブローナー『世俗の思想家たち』（八木甫他との共訳，HBJ出版局）
編著	『＜新しい市場社会＞の構想』佐伯啓思・松原隆一郎編（新世社，2002）
	『共和主義ルネッサンス』佐伯啓思・松原隆一郎編（NTT出版，2007）

野崎　歓（のざき・かん）

・執筆章→14

1959年	新潟県高田市（現・上越市）生まれ，新潟市育ち
1990年	パリ第3大学博士課程留学を経て東京大学大学院人文科学研究科仏語仏文学専攻博士課程中途退学 東京大学文学部助手，一橋大学法学部専任講師，東京大学大学院総合文化研究科・教養学部助教授，同大学院人文社会研究科・文学部教授を経て東京大学名誉教授
現在	放送大学教授
専攻	フランス文学，翻訳論，映画論
主な著訳書	『ジャン・ルノワール　越境する映画』（青土社，2001） 『フランス小説の扉』（白水社，2001） 『谷崎潤一郎と異国の言語』（人文書院，2003） 『香港映画の街角』（青土社，2005） 『五感で味わうフランス文学』（白水社，2005） 『われわれはみな外国人である──翻訳文学という日本文学』（五柳書院，2007） 『異邦の香り──ネルヴァル「東方紀行」論』（講談社，2010） 『フランス文学と愛』（講談社現代新書，2013） 『翻訳教育』（河出書房新社，2014） 『アンドレ・バザン──映画を信じた男』（春風社，2015） 『夢の共有──文学と翻訳と映画のはざまで』（岩波書店，2016） 『水の匂いがするようだ──井伏鱒二のほうへ』（集英社，2018） トゥーサン『浴室』（集英社，1989） バルザック『幻滅』（共訳　藤原書店，2000） サン＝テグジュペリ『ちいさな王子』（光文社古典新訳文庫，2006） スタンダール『赤と黒』（光文社古典新訳文庫，2007） ウエルベック『地図と領土』（筑摩書房，2013） プレヴォ『マノン・レスコー』（光文社古典新訳文庫，2017） ネルヴァル『火の娘たち』（岩波文庫，2020）

編著者紹介

滝浦　真人（たきうら・まさと）

——————————————————・執筆章→ 1・2，4・5，10・11

1962年	岩手県生まれ。小学校から高校まで，仙台で育つ
1985年	東京大学文学部言語学専修課程卒業
1988年	東京大学大学院人文科学研究科言語学専攻修士課程修了
1992年	同　博士課程中退
1992年～	共立女子短期大学専任講師～助教授，麗澤大学助教授～教授を歴任
2013年～	放送大学教養学部・同大学院文化科学研究科教授
社会貢献	言語聴覚士国家試験出題委員，文化審議会国語分科会委員，日本言語学会評議員，日本語用論学会会長，など歴任
主な著書	『お喋りなことば』（小学館，2000）

『日本の敬語論―ポライトネス理論からの再検討―』（大修館書店，2005）

『ポライトネス入門』（研究社，2008）

『山田孝雄―共同体の国学の夢―』（講談社，2009）

『日本語は親しさを伝えられるか』（岩波書店，2013）

〈以上単著〉

『語用論研究法ガイドブック』（加藤重広氏と共編著，ひつじ書房，2016）

〈以上共編著〉

『日本語とコミュニケーション』（大橋理枝教授と共著，2015）

『新しい言語学―心理と社会から見る人間の学―』（編著，2018）

『日本語学入門』（編著，2020）

『改訂版 日本語リテラシー』（2021）

〈以上，放送大学教育振興会〉

ほか

放送大学教材　1150049-1-2211（テレビ※）

改訂版　日本語アカデミックライティング

発　行　　2022年3月20日　第1刷

編著者　　滝浦真人

発行所　　一般財団法人　放送大学教育振興会
　　　　　〒105-0001　東京都港区虎ノ門1-14-1　郵政福祉琴平ビル
　　　　　電話　03（3502）2750

※テレビによる放送は行わず，インターネット配信限定で視聴する科目です。
市販用は放送大学教材と同じ内容です。定価はカバーに表示してあります。
落丁本・乱丁本はお取り替えいたします。

Printed in Japan　ISBN978-4-595-32320-1　C1381